세계무용사 ○ ○ ○ 전

KB161711

세계무용사 용어사전

초판 인쇄 2021년 3월 11일
초판 발행 2021년 3월 15일

지은이　편집부
펴낸이　진수진
펴낸곳　청풍출판사

주소　경기도 고양시 일산서구 대산로 53
출판등록　2013년 5월 30일 제2013-000078호
전화　031-911-3416
팩스　031-911-3417
전자우편　meko7@paran.com

*낙장 및 파본은 교환해 드립니다.
*본 도서는 무단 복제 및 전재를 법으로 금합니다.
*가격은 표지 뒷면에 표기되어 있습니다.

세계무용사 용어사전

Contents

가보트(gavotte) 17세기 무렵 프랑스 궁정을 중심으로 유럽 전
역에서 유행한 사교춤. 2박자나 4박자의 경쾌한 리듬으
로 우아한 형태의 커플 댄스이다. 아울러 17세기 프랑스
에서 발생한 무곡을 일컫기도 하는데, 요한 제바스티안 바
흐(Johann Sebastian Bach)와 게오르그 헨델(George
Handel)이 기악 모음곡에 이용하기도 했다.

가스파로 앙지올리니(Gasparo Angiolini) 1731년 출생, 1803년 사
망. 이탈리아 출신의 안무가이다. 18세기 발레가 오페라발
레에서 '연기발레'를 의미하는 발레닥씨용(ballet d'action)
으로 전환하는 데 중요한 역할을 했다. 또한 예카테리나 2
세(Ekaterina Ⅱ) 때 러시아에 머물면서 여러모로 러시아
발레의 발전을 도왔다.

가에타노 베스트리스(Gateno Vestris) 1729년 출생, 1808년 사
망. 이탈리아 출신의 무용가이다. 주로 프랑스 파리오페라
극장에서 활약했는데, 그 시대에 가장 뛰어난 남성 발레 무
용수로 평가받았다. 대중들은 그를 '무용의 신'이라고 불렀
다.

갈라 퍼포먼스(Gala Performance) 1938년 앤터니 튜더(Antony
Tudor)가 안무한 작품. 세르게이 프로코피예프(Sergei

Prokofiev)의 음악이 사용되었다. 서로 더 많은 조명을 받기 위해 경쟁하며 잘난 체하는 3명의 여성들을 풍자하는 내용이다.

갈리나 울라노바(Galina Ulanova) 1910년 출생, 1998년 사망. 러시아 출신의 발레리나이다. 상트페테르부르크발레단을 거쳐 볼쇼이발레단에 입단했다. 그 후 러시아 최고의 발레리나 중 한 사람으로 평가받으며 세계 각지로 순회공연을 다녔다. 그녀는 기교에 치중하기보다 마치 깃털처럼 가벼운 움직임과 부드러운 표현력으로 관객을 사로잡았다. 여러 고전발레와 낭만발레 작품에 출연했다.

갤리어드(galliard) 16세기 후반 영국에서 성행했던 춤. 2분의 3박자 또는 4분의 2박자의 명랑하고 유쾌한 춤으로, 뛰고 차는 동작이 여러 차례 포함되는 등 활력이 넘친다. '가야르드(gaillarde)'라고도 한다.

거대한 도시(The Big City) 1932년 쿠르트 요스(Kurt Jooss)가 발표한 작품. 요스는 이 작품을 통해 1930년대의 사회적 갈등을 효과적으로 묘사했다.

거트루드 크라우스(Gertrude Kraus) 1901년 출생, 1977년 사망. 오스트리아 출신의 무용수이다. 이사도라 던컨(Isadora Duncan)의 무용관(舞踊觀)에 영향을 받았으며, 성서의 주제들을 무대예술로 승화시킨 〈빈민가의 노래(Songs of

the Ghetto)〉로 주목받았다. 일찍이 이스라엘로 이주해
유럽 무용을 전파했다.

검은 딸기(Brambles) 1969년 미국의 현대무용가 겸 안무가 댄
웨거너(Dan Wagoner)가 발표한 작품. 아무런 음악 없이
텅 빈 무대에서 솔리스트가 공연을 펼쳤다.

검은 타이츠(Black Tights) 1962년 프랑스 출신 안무가 롤랑쁘띠
(Roland Petit)가 제작한 발레 영화. 그의 작품 〈씀씀이 헤
픈 첩(La Croqueuse de Diamants)〉, 〈시라노 드 베르주
라크(Cyrano de Bergerac)〉, 〈카르멘(Carmen)〉 등으로
구성되었다.

격세유전(Atavisms) 1936년 미국의 현대무용가이며 안무가
인 찰스 와이드먼(Charles Weidman)이 발표한 작품. 그
의 많은 작품들이 그렇듯 희극적이고 풍자적인 특성을 효
과적으로 보여줬다. 관객들의 웃음을 유발시키는 가운데
냉철한 현실 인식을 담아낸 것이다. 레만 엥겔(Lehman
Engel)의 음악이 사용되었다.

결혼(Les Noces) 1923년 브로니슬라바 니진스카(Bronislava
Nijinska)가 안무한 발레 작품. 러시아의 전통적인 결
혼 의식을 주제로 만들었다. 이고리 스트라빈스키(Igor
Stravinsky)의 음악이 사용되었으며, 프랑스 파리에서 디
아길레프발레단에 의해 초연되었다.

경향(Trend) 1937년 독일 출신의 미국 무용수 겸 안무가 한야 홀름(Hanya Holm)이 발표한 작품. 아메리칸댄스페스티벌(American Dance Festival)을 통해 처음 공개되었으며, 현대무용의 걸작 중 하나로 손꼽힌다. 홀름은 그 뒤 아메리칸댄스페스티벌을 통해 1938년 〈댄스 소나타(Dance Sonata)〉, 1939년 〈메트로폴리탄 데일리(Metropolitan Daily)〉, 1941년 〈여기 지구로부터(From This Earth)〉 등을 잇달아 발표했다.

계시(Revelations) 1960년 앨빈 에일리(Alvin Ailey)가 발표한 작품. 1800년대 초부터 20세기 중반까지 흑인의 역사를 한 무대에서 보여주며, 작품 속에 다양한 흑인 영가들이 사용되었다. 이 작품은 지금도 앨빈에일리아메리칸댄스시어터(Alvin Ailey American Dance Theater)의 대표적인 레퍼토리이다.

계통적 연구 무용사 연구에 관한 전통적 접근 방법으로, 무용의 모든 측면을 다루게 된다. 이를테면 선사시대부터 시작해 최근의 무용까지 연구해서 결론을 내리거나, 수세기 정도 어느 시대를 선정해 연구하는 것이다. 이 방법은 무용 형태의 성장과 발전 등 광범위한 특성들이 역사적으로 일목요연하게 분석·정리되는 장점이 있다. 아울러 시간의 흐름에 따라 무용이 꾸준히 발전한다는 진보적 관점을 갖게 된다.

고난의 블루스(Hard Time Blues) 1945년 흑인 안무가 펄 프리머
스(Pearl Primus)가 발표한 작품. 소작농의 신산한 운명
에 대해 항의하는 내용으로, 민속가수 조쉬 화이트(Josh
White)의 소작농에 대한 노래를 사용했다. 그런데 이 작품
은 사회적인 주제 이전에 중력의 극복이라고 불릴 만큼 역
동적인 도약 동작으로 평자들의 찬사를 받았다.

고르발의 기적(Miracle in the Gorbals) 1944년 로버트 헬프먼
(Robert Helpmann)이 안무한 작품. 아서 블리스(Arthur
Bliss)의 음악이 사용되었다. 예수의 기적에 관한 이야기를
현대적인 이미지로 구성했다.

고전무용의 기초(Fundamentals of the Classic Dance) 1934년 러
시아 출신의 발레리나이자 발레 교사인 아그리피나 바가노
바(Agrippina Vaganova)가 펴낸 책. 세계 여러 나라 언
어로 번역되어 오늘날까지 발레 교육 교재로 중요한 위치
를 차지하고 있다.

고전발레(classic ballet) 17세기 프랑스 궁정발레에서 기원해 19
세기 말까지 행해진 발레 형식이다. 다른 의미로 모던발레
(modern ballet)에 대한 상대적인 개념의 용어로 쓰이기
도 한다. 춤과 마임으로 내용을 전개했으며, 디베르띠스망
(divertissment)과 그랑 빠 드 되(grand pas de deux) 등

이 다채롭게 사용되었다. 흔히 〈잠자는 숲 속의 미녀(The Sleeping Beauty)〉, 〈백조의 호수(Swan Lake)〉, 〈호두까기 인형(The Nutcracker)〉을 일컬어 고전발레의 3대 명작으로 손꼽는다.

고파크(gopak) 우크라이나의 민속무용. 4분의 2박자 춤으로, 원래는 남성들의 전유물이었으나 근래 들어 여성의 참여가 늘고 있다. 남성의 경우 쭈그리고 앉아 다리를 번갈아 내차듯 하거나 높이 뛰어오르는 형태로 춤을 추며, 여성은 남성들을 둘러싸듯이 서서 몸을 좌우로 흔든다.

곱사등이 망아지(The Humpbacked Horse) 프랑스 출신의 아르튀르 생레옹(Arthur Saint-Léon)이 안무한 작품이다. 러시아 민간 문학에 바탕을 둔 최초의 발레 작품으로, 1864년에 초연됐다.

공시적(synchronic) 공시적(共時的)은 특정한 시기에 있어서 언어의 양상을 횡적(橫的)으로 연구하는 입장을 말한다. 언어학자 페르디낭 드 소쉬르(Ferdinand de Saussure)가 언어 체계의 연구에서 구분한 것으로 '같은 시대에 관련되는 어느 한 시점의 시간'이라는 개념으로 이해할 수 있다. 이것과 상대되는 의미의 용어는 '통시적(diachronic)'이다.

교향곡 발레(symohonic ballet) 교향곡, 즉 심포니를 사용한 '심포니발레'를 말한다. 1933년 무렵 레오니드 마신(Leonide

Massine)이 처음 시도했다. 유명 음악가들의 교향곡에 발레를 접목시킨다는 발상은 당시 큰 화제를 불러일으켰다.

교향 변주곡(Symphonic Variations) 1946년 프레드릭 애쉬튼(Frederick Ashton)이 안무한 작품. 세자르 프랭크(Cesar Franck)의 음악이 사용되었으며, 영국 런던 코벤트가든에서 새들러스웰스발레단이 초연했다. 작품의 줄거리가 배제된 채, 음악에 맞춘 무용 동작들이 공간의 초월성을 보여준다.

구글리엘모 에베로(Guglielmo Ebero) 1440년 이전 출생 추정. 르네상스 시대의 이름난 무용 교사이자 궁정 행사 담당자로, 메디치 가(家) 등 이탈리아의 저명한 가문 소속이었다.

구들의 딸(Gudule′s Daughter) 1902년 알렉산드르 고르스키(Alexander Gorsky)가 발표한 발레 작품. 1831년 프랑스 소설가 빅토르 위고(Victor Hugo)가 쓴 장편소설 〈노트르담 드 파리(Notre Dame de Paris)〉를 발레화한 것이다.

구술사(oral history) 구술사(口述史)는 개인이나 집단의 기억을 구술(口述), 즉 입으로 말하도록 해 역사적 사실로 정리한 것이다. 이와 같은 역사 서술 방법은 역사가의 주관적인 상상력 투사와 학문적 의미의 픽션이 가미될 위험으로부터 자유로운 장점이 있다. 이것은 특이한 형태의 무용을 연구하는 데도 많은 도움이 된다.

구스타브 3세(Gustav Ⅲ) 1746년 출생, 1792년 사망. 스웨덴 국왕으로 1771년부터 1792년까지 재위했다. '구스타브 시대'로 불릴 만큼 여러 면에서 스웨덴 전성시대를 열었는데, 예술 분야에서는 오페라단과 거기에 소속된 스웨덴왕립발레단(Royal Swedish Ballet)을 만들어 적극 후원했다.

구전(oral tradition) 구전(口傳)은 말로써 전해 내려오는 것, 또는 말로써 전하는 것을 일컫는다. 구술사(口述史)와 함께 특이한 형태의 무용을 연구하는 데 중요한 요소이다.

궁정발레(ballet de cour) 16세기 말 프랑스에서 시작되었다. 무용과 대사, 노래가 결합된 무대예술로 17세기 초 전성기를 맞았다. 초기 궁정발레 무용수는 전부 남성들로 화려한 장식이 달린 의상에 가면을 착용하기도 했으며, 군주와 그 가족의 생일이나 결혼식 등을 기념해 공연되는 경우가 대부분이었다. 궁정발레를 기원으로 낭만주의 발레가 탄생했다.

그랜드유니언(Grand Union) 미국에서 즉흥무용을 위해 결성된 무용단. 1970년부터 1976년까지 활동했다. 이본 레이너(Yvonne Rainer), 스티브 팩스톤(Steve Paxton), 데이비드 고든(David Gordon) 등이 함께 활동했다.

극장가(Theatre Street) 러시아 출신의 발레리나 타마라 카르사비나(Tamara Karsavina)의 자서전. 1930년에 출판되었다.

극장의 진화 고대 그리스와 로마에는 극장이 흔했지만, 중세 때는 교회가 종교 연극을 공연하는 무대로 사용되었을 따름이다. 그 후 르네상스 시대를 거치며 궁전 무도회장 등이 무대로 이용되다가, 1500년대 후반에 접어들어 비로소 고정된 무대와 배경 장치가 있는 극장 건물이 건축되었다.

근대 발레의 시작 1909년 프레데리크 쇼팽(Frédéric Chopin)의 음악에 미하일 포킨(Michel Fokine)이 안무를 맡은 〈레 실피드(Les Sylphides)〉가 발표되었다. 레 실피드는 '공기의 정령'이란 뜻으로 세르게이 디아길레프(Sergei Diaghilev)가 창단한 발레뤼스(Ballets Russes)의 첫 작품인데, 비록 낭만주의 발레의 대표작인 〈라 실피드(La sylphide)〉와 제목이 유사하지만 이것과 더불어 근대 발레의 역사가 시작된 것으로 평가받는다.

글렌 테틀리(Glen Tetley) 1926년 출생. 미국 출신의 무용수 겸 안무가이다. 한야 홀름(Hanya Holm)에게 사사했으며, 조프리발레단의 초기 멤버로 활약했다. 그 밖에 네덜란드 발레단, 램버트발레단, 슈투트가르트발레단 등과 공연하며 발레와 현대무용의 결합을 시도했다. 첫 작품 〈달의 피에로(Pierrot Lunaire)〉를 비롯해 영국 동화작가 루이스 캐롤(Lewis Carroll) 원작의 〈앨리스(Alice)〉, 중국 태극권에서 아이디어를 얻은 〈포호귀산(Embrace Tiger and

Return to Mountain)〉 등을 발표했다.

기초교본(The Elemenraty Treatise) 이탈리아 출신의 무용수이자 발레 교사인 카를로 블라시스(Carlo Blasis)의 저서이다. 1820년, 발레 역사상 가장 중요한 이론가 중 한 사람인 블라시스가 발레에 관한 자신의 방대한 지식을 담아 펴냈다.

기하학적 의상 1922년 오스카어 슐레머(Oskar Schlemmer)가 발표한 〈삼부작 발레(Triadic Ballet)〉는 대표적인 추상무용 작품 중 하나이다. 슐레머는 무용수들에게 과장된 원형과 원통형, 정육면체의 기하학적인 의상을 입혀 직선과 곡선의 움직임을 지시했다. 이 작품에서 춤 자체는 매우 제한적인 대신 의상과 무대장치 등이 예술적인 효과를 만들어냈다.

꼬띠용(cotillon) 18세기 초 프랑스에서 생겨난 춤으로, 4쌍의 남녀가 함께 춤을 춘다. 19세기에는 유럽을 넘어 미국에도 소개되었다.

꿈(The Dream) 1964년 윌리엄 셰익스피어(William Shakespeare) 탄생 400주년을 기념하여 만들어진 작품이다. 셰익스피어(Shakespeare)의 희곡 〈한여름 밤의 꿈〉을 단막 발레로 만들었다. 멘델스존(Mendelssohn)의 음악에 프레드릭 애쉬튼(Frederick Ashton)이 안무를 담당했으며, 영국 로열발레단이 런던에서 초연했다.

나의 생애(My Life) 현대무용가 이사도라 던컨(Isadora Duncan)의 자서전. 1927년 출간되었다.

나탈리아 곤차로바(Natalia Goncharova) 1881년 출생, 1962년 사망. 러시아 출신의 무대미술가이며 화가이다. 러시아 민속예술에서 영감을 얻어 아방가르드 계통의 작품 활동을 하다가, 1915년부터 세르게이 디아길레프(Sergei Diaghilev)의 러시아발레단과 인연을 맺어 무대미술과 의상을 디자인했다. 그가 제작에 참여한 주요 작품으로는 〈결혼(Les Noces)〉, 〈불새(The Firebird)〉 등이 있다.

나탈리아 마카로바(Natalia Makarova) 1940년 출생. 러시아 출신의 발레리나이다. 키로프발레단에 입단한 뒤 영국 런던 공연 중 서방세계로 망명했다. 그 후 로열발레단과 아메리칸발레시어터에서 활동했으며, 런던페스티벌발레단의 공연에 제작자로 참여하기도 했다. 그녀는 섬세하고 서정적인 로맨틱 발레의 실력자로 인정받았고, 나아가 기존 로맨틱 발레의 혁신자로 평가받았다. 주요 작품으로 〈마농(Manon)〉, 〈라 실피드(La sylphide)〉, 〈지젤(Giselle)〉 등이 있다.

낭만발레(romantic ballet) 19세기 초 낭만주의 시대에 만들어진 발레. '발레 로망띠끄(ballet romantique)'라고도 한다. 현실보다는 환상과 신비의 가치를 추구해, 사랑 이야기 같은 서정적인 내용을 주로 담았다. 토슈즈를 신고 발가락 끝으로 수직이 되게 서는 '쒸르 레 뿌엥뜨(sur les pointes)', 여성 솔리스트와 남성 솔리스트의 2인무인 '빠 드 되(pas de deux)'가 이 때 시작되었고 '뛰뛰(tutu)'도 등장했다. 낭만주의 발레는 1970년 무렵 쇠퇴했는데, 그것은 발레의 중심지가 프랑스에서 러시아로 옮겨가는 계기가 되었다. 〈라 실피드(La sylphide)〉와 〈지젤(Giselle)〉 등이 낭만주의 발레의 대표적인 작품이다.

낭만발레(romantic ballet)의 시작 1831년 공연된 오페라 〈악마 로베르(Robert le Diable)〉의 제3부에 〈수녀들이여, 누가 잠들어 있는가(Nonnes, Qui Reposez)〉라는 수녀들의 발레가 등장했다. 이것이 바로 낭만발레의 시초로 여겨지는데, 그 이유는 지금까지 공연되었던 작품들과 너무나 달리 달빛 아래 무덤가에서 펼쳐진 수녀들의 발레가 지극히 낭만주의적인 경향을 보였기 때문이다. 다만 수녀들의 발레가 오페라의 한 부분이었고 당시의 안무도 전해지지 않아, 낭만발레의 진정한 시작은 1832년 발표되어 큰 인기를 끈 〈라 실피드(La sylphide)〉로 보는 것이 일반적이다.

낭만발레(romantic ballet)의 라이벌 19세기 낭만발레를 대표하는 발레리나로 마리 탈리오니(Marie Taglioni)와 파니 엘슬러(Fanny Elssler)를 손꼽을 수 있다. 두 사람은 당시 대중의 인기를 한 몸에 받으며 유행을 선도했는데, 스타일 면에서는 서로 다른 점이 적지 않았다. 우선 탈리오니가 청순가련형이라면, 엘슬러는 육감적인 매력을 지녔었다. 프랑스 낭만주의 시인 테오필 고티에(Théophile Gautier)는 탈리오니가 '기독교형'이며, 엘슬러는 '이교도형'이라고 구분하기도 했다. 그런 차이만큼 그 무렵 관객과 논객들 사이에는 두 사람을 비교하고 우열을 가르는 일이 자주 벌어졌다고 한다.

네덜란드댄스씨어터(Nederland Dans Theater) 1959년 창단된 네덜란드 발레단. 최고의 기량을 뽐내어 세계적으로 유명한 'NDT Ⅰ', 21살 미만의 젊고 역동적이며 무한한 가능성을 지닌 무용수들로 이루어진 'NDT Ⅱ', 불혹의 나이를 넘긴 베테랑 무용수들로 이루어진 'NDT Ⅲ'로 구성되어 있다. 무용수들의 동작을 세밀하게 살펴 즉시 수정 작업이 가능하도록 돕는 비디오 녹화(video recording)를 성공적으로 개척했다. 이것은 사진 촬영이나 녹음보다 훨씬 더 효율적인 방법으로 받아들여진다.

노라 케이(Nora Kaye) 1920년 출생, 1987년 사망. 미국 출신의 발레리나이다. 메트로폴리탄오페라발레학교에서 무용을 배웠고, 19살 때 발레시어터 창단에 참여했다. 그녀는 다양한 레퍼토리를 소화하면서도 특히 드라마틱한 작품에서 재능을 빛냈는데, 앤터니 튜더(Antony Tudor)가 안무한 〈불기둥(Pillar of Fire)〉이 대표작이라고 할 수 있다. 케이는 이 작품에서 노처녀 주인공인 하가(Hagar) 역할을 훌륭히 소화해냈다. 그 밖의 작품으로 〈욕망이라는 이름의 전차(A Streetcar Named Desire)〉 등이 있다.

녹색 테이블(The Green Table) 제1차 세계대전에서 비롯된 반전(反戰) 메시지를 담은 작품이다. '녹색 테이블'은 국제 외교의 협상 테이블을 가리키며, 전쟁이 낳은 죽음의 이미지가 강렬하게 묘사된다. 1932년 프리츠 코엔(Fritz Cohen)의 음악에 쿠르트 요스(Kurt Jooss)가 안무를 맡아 프랑스 파리 샹젤리제극장에서 쿠르트요스발레단이 초연했다. 그 해 파리에서 개최된 국제무용콩쿠르에서 최우수상을 받기도 한 이 작품의 성공으로 쿠르트요스발레단은 유럽 전역에 명성을 떨치게 되었다.

눈의 여왕(The Snow Queen) 1986년 데이비드 빈틀리(David Bintley)가 안무한 3막 발레 작품. 한스 안데르센(Hans Andersen)의 동화 작품을 바탕으로 만들었으며, 연극적 효과를 강조했다. 브럼웰 토비(Bramwell Tovey)의 음악이 사용되었고, 영국 버밍햄에서 로열발레단이 초연했다.

뉴욕시티발레단(New York City Ballet) 1948년 미국 뉴욕에서 설립된 발레단. 미국 발레의 수준을 한 차원 높인 세계적인 발레단으로, 기성 작품의 재공연보다 창작에 무게를 두어 활동해왔다. 1933년 무용평론가 링컨 커스틴(Lincoln Kirstein)이 파리에서 조지 발란신(George Balanchine)을 초빙해 설립했던 아메리칸발레학교(American Ballet)가 모체이다. 아메리칸발레학교는 발레캐러밴(Ballet Caravan), 발레소사이어티(Ballet Society) 등의 이름으로 불리다가 지금의 명칭을 갖게 되었다.

니네뜨 드 발루아(Ninette de Valois) 1898년 출생, 2001년 사망. 아일랜드 출신의 무용가이자 안무가이다. 발레뤼스(Ballets Russes)에서 솔리스트로 활약했고, 1931년 빅웰스발레단(The Vic-Wells Ballet)을 만들어 훗날 로열발레단(The Royal Ballet)으로 성장시켰다. 그녀가 안무한 주요 작품으로는 〈방탕아의 여로(The Rake's Progess)〉, 〈외통수(Chekmate)〉, 〈우리 앞의 전망(The Prospect Before Us)〉 등이 있다. 그리고 〈발레의 초대(Invitation to the Ballet)〉와 〈나와 함께 춤춰요(Come Dance with Me)〉라는 책을 펴내 로열발레단의 역사를 기록했다.

니콜라이 세르게예프(Nikolay Sergeyev) 1876년 출생, 1951년 사망. 러시아 출신의 무용수이다. 상트페테르부르크 황실발레단에서 무용을 배우기 시작해, 그 곳의 솔리스트가 되었고 1914년 총감독으로 임명되기에 이르렀다. 그러나 1918년 러시아를 떠나서 서유럽에 정착해 고전발레와 낭만발레의 명작들을 재해석해 무대에 올렸다. 새들러스웰스발레단을 비롯해 발레뤼스, 마르코바돌린발레단 등과 작업했다.

ㄷ

다니엘 내그린(Daniel Nagrin) 1917년 출생, 2008년 사망. 미국 출신의 무용수이자 안무가이다. 안나 소콜로(Anna Sokolow)와 마사 그레이엄(Martha Graham) 등에게 무용을 배웠다. 이후 아내였던 헬렌 타미리스(Helen Tamiris)와 공동 작업을 하면서 1960년 타미리스내그린무용단(Tamiris-Nagrin Dance Company)을 설립했고, 즉흥 무용단 워크숍(Workshop)을 운영했다. 저서 〈무용과 이미지 : 즉흥(Dance and Specific Image : Improvisation)〉 등이 있다.

다프니와 클로에(Daphnis and Chloe) 1962년 존 크랭코(John Cranko)가 안무한 작품. 덴마크 출신의 무용수 에릭 브룬(Erick Bruhn) 등이 출연했다. 당시 크랭코는 슈투트가르트발레단(Stuttgart Ballet)의 감독이었다.

단단한 호두(The Hard Nut) 발레 〈호두까기 인형(The Nutcracker)〉을 새롭게 각색한 것으로, 1991년 마크 모리스(Mark Morris)가 발표한 작품이다.

단조(Monotones) 프레드릭 애쉬튼(Frederick Ashton)이 에릭 사티(Erik Satie)의 음악 〈3개의 짐노페디(Trios Gymnopedies)〉를 발레로 만든 작품이다. 제1부가 1965년, 제2부가 1966년에 완성되었다. 1965년 로열빌레단(The Royal Ballet)이 로열오페라하우스에서 초연했다.

답카(dabkah) 이슬람 문화권 사람들이 추는 춤의 하나. 일렬로 서서 옆사람의 팔을 자신의 팔과 맞닿게 잡는다. 상체는 고정시킨 채 발을 구르거나 스텝을 밟는다.

당스 마카브르(danse macabre) '죽음의 무도'라는 뜻. 14세기에 프랑스를 중심으로 나타났으며, 페스트와 기근과 전쟁이 유럽을 휩쓸면서 15세기에 더욱 번창했다. 강박과 신경증적 증세로 무아지경의 춤을 추기 시작해 완전히 지쳐 쓰러질 때까지 멈추지 못했다.

대리석 딸(La Fille de Marbre) 1847년 프랑스 출신의 아르튀르 생레옹(Arthur Saint-Léon)이 처음 안무한 작품. 파니 체리토(Fanny Cerrito)의 파리오페라단 데뷔를 위해 만들었는데, 큰 성공을 거두어 파리오페라단 무대에 더 많은 작품을 올릴 수 있었다.

댄스 인덱스(Dance Index) 미국 뉴욕시티발레단(New York City Ballet)의 총감독을 역임한 링컨 커스틴(Lincoln Kirstein)이 1942년부터 1948년까지 발행한 잡지이다. 여러 가지 다양한 무용에 관한 주제를 도해와 함께 해설하는 논문을 실어 많은 무용 관계자들에게 인기를 끌었다. 아울러 나중에 전7권으로 출판된 〈댄스 인덱스〉 합본은 무용을 연구하는 학자들에게 소중한 참고서가 되었다.

댄 웨거너(Dan Wagoner) 1932년 출생. 미국 출신의 현대무용가 겸 안무가이다. 20대 중반의 늦은 나이에 본격적으로 무용수 활동을 시작해, 1962년 30살의 나이로 머스커닝엄무용단에 입단했다. 그 후 런던컨탬퍼러리댄스시어터의 예술감독을 역임하는 등 의욕적인 활동을 펼치면서 다수의 개성 넘치는 작품들을 발표했다. 주요 작품으로 〈검은 딸기(Brambles)〉와 〈새처럼 날다(Flee as a Bird)〉를 비롯해 무용수들이 서로 대사를 주고받는 〈당신의 마음 돌리기(Changing Your Mind)〉 등이 있다.

더글라스 던(Douglas Dunn) 1942년 출생. 미국 출신의 무용가이다. 대학에 입학하여 뒤늦게 무용을 시작한 뒤 머스커닝엄무용단에 입단했다. 1973년 무용단을 나온 뒤에는 여러 편의 작품을 창작했는데, 그의 무용은 대부분 무용 자체와 그 안무의 과정을 주제로 삼은 특징이 있다.

더 멀리 더 멀리 어두운 밤으로(Further and Further into Night) 1984
년 오스트레일리아 출신 안무가 이언 스핑크(Ian Spink)가
발표한 작품. 알프레드 히치콕(Alfred Hitchcock)〉의 영
화 〈악명(Notorious)〉에서 모티브를 얻어 안무했다.

데니숀무용단(The Denishawn Company) 1915년 현대무용의 개
척자 루스 세인트 데니스(Ruth Saint Denis)가 설립한 무
용단이다. 미국 최초의 현대무용단이라는 역사적인 의의가
있다.

데니숀무용학교(Denishawn School of Dancing and Related Arts)
1915년 미국의 현대무용가 겸 안무가 루스 세인트 데니스
(Ruth Saint Denis)와 그녀의 남편이자 안무가인 테드 숀
(Ted Shawn)이 미국 로스앤젤레스에서 설립한 무용 학
교이다. 1931년 해체될 때까지 마사 그레이엄(Martha
Graham)과 도리스 험프리(Doris Humphrey) 등 숱한 인
재들을 배출했다. 테드 숀은 1940년 미국에서 최초로 시
작된 댄스 축제인 제이콥스필로우댄스페스티벌(Jacob's
Pillow Dance Festival)을 만들기도 했다.

데이비드 고든(David Gordon) 1936년 출생. 미국의 현대
무용가이자 안무가이다. 저드슨무용단(The Jurdson
Dance Theatre)과 아메리칸발레시어터(American

Ballet Theater) 등에서 활동했으며, 우연기법(chance technique)을 극복할 목적으로 〈마네킹 춤(Mannequin Dance)〉 등의 작품을 만들었다. 그의 무용은 사소한 움직임들로 이루어진 치밀한 구성이 돋보였으며, 다양한 공연 양식을 도입하기도 했다. 주요 작품으로 〈꼭 이해할 필요가 없는 대상(Not Necessarily Recognizable Objects)〉, 〈마구잡이 아침식사(Random Breakfast)〉 등이 있다.

데이비드 리신(David Lichine) 1910년 출생, 1972년 사망. 러시아 출신의 무용수 겸 안무가이다. 파블로바발레단, 니진스카발레단, 라스칼라발레단, 발레뤼스, 발레씨어터 등에서 활동했다. 무용수로서 캐릭터 표현력이 뛰어났으며, 런던페스티벌발레단 등에서 안무가로서도 활발한 활동을 펼쳤다. 주요 작품으로 〈꼬띠용(Cotillon)〉, 〈코레아르티움(Choreartium)〉 등이 있다.

데이비드 빈틀리(David Bintly) 1957년 출생. 영국 출신의 무용수 겸 안무가이다. 안무가로서 더욱 활발한 활동을 펼쳤는데, 코믹하면서도 역동적인 드라마에 강점을 보였다. 1986년 영국 로열발레단(The Royal Ballet)의 상임안무가가 되었으며, 여러 편의 추상무용 작품을 성공시켰다. 주요 작품으로 대표작이라고 할 수 있는 〈펭귄 카페에서의 '조용한 삶'('Still Life' at the Penguin Café)〉을 비롯해 〈젊은

아폴로(Young Apollo)〉, 〈눈의 여왕(The Snow Queen)〉 등이 있다.

덴마크왕립발레단(Royal Danish Ballet) 1748년 덴마크 코펜하겐에서 창단된 발레단이다. 빈첸초 갈레오티(Vincenzo Galeotti), 아우구스트 부르농빌(August Bournonville) 등의 안무가가 세계적인 발레단으로 성장시켰다. 특히 1829~1877년 부르농빌이 감독을 맡아 정착시킨 고전적 양식이 크게 주목받았다.

도널드 맥케일(Donald McKayle) 1930년 출생. 미국의 현대무용가 겸 안무가이다. 백인에 비해 상대적으로 드문 흑인 안무가로서, 다인종 국가인 미국 내 흑인 문제에 대해 진지한 고민을 했다. 자신이 흑인으로서 살아오며 겪었던 가난과 차별을 무용의 정서로 승화시켜 무대 위에 구현했던 것이다. 마사 그레이엄(Martha Graham)의 영향을 받았으며, 한때 아메리칸댄스시어터에서 활동하기도 했다. 그리고 이스라엘에서 무용 지도를 한 독특한 이력도 있다.

도리스 험프리(Doris Humphrey) 1895년 출생, 1958년 사망. 미국의 현대무용가 겸 안무가로, 데니숀무용학교(Denishawn School of Dancing and Related Arts)에서 수련한 뒤 데니숀무용단(The Denishawn Company)에서 솔리스트로 활동했다. 하지만 음악에 얽매인 안무 등에 반

발해 동료인 찰스 와이드먼(Charles Weidman)과 데니숀 무용단을 나와 험프리와이드먼무용학교와 무용단을 설립 했다. 그녀는 인간의 움직임이 모두 균형과 불균형의 전환 상태에 있다고 주장했다. 그 중 불균형 상태는 우리가 단순히 걸음을 앞으로 몇 걸음 내딛는 것만으로도 발생된다고 보았다. 아울러 앞으로 내딛은 발걸음이 바닥에 닿을 때 다시 균형 상태로 회복된다고 보았다. 주요 작품으로 〈셰이커교도들(The Shakers)〉, 〈새로운 춤(New Dance)〉 3부작, 〈대지 위의 하루(Day on Earth)〉 등이 있다. 아울러 저서 〈무용창작법(The Arts of Making Dances)〉을 남겼다.

도메니코 다 피아센짜(Domenico da Piacenza) 1400년 출생, 1470년 사망. 르네상스시대 무용 발전의 새로운 중심지였던 이탈리아의 댄스마스터이다. 그는 최초의 무용 교사라고 할 수 있는데, 〈무용과 합창단 지휘법에 대하여(De Arte Saltandi et Choreas Ducendi)〉라는 책을 펴내 무용의 형태와 무용수의 능력, 자세, 매너 등에 대해 이야기했다.

독무자와 3개의 그룹을 위한 16편의 춤(Sixteen Dances for Solist and Company of Three) 머스 커닝엄(Merce Cunningham)이 자신의 작품에서 처음으로 비결정기법(indeterminacy)

을 사용해 안무한 작품. 1951년에 발표되었다.

독수리 행렬(Cortege of Eagles) 최고의 현대무용가 중 한 사람
으로 손꼽히는 마사 그레이엄(Martha Graham)은 평생
170여 편의 작품을 만들었고, 대부분의 작품에 직접 출연
했다. 그 중 1969년 공연된 〈독수리 행렬〉은 그녀의 마지
막 무대 공연 작품이라는 의미가 있다. 무대 은퇴 후 마사
그레이엄은 후배 양성과 창작에 전념했다.

돈키호테(Don Quixote)¹ 1869년 마리우스 쁘띠빠(Marius
Petipa)가 대본과 안무를 담당한 전3막 발레 작품. 루드비
히 민쿠스(Ludwig Minkus)의 음악이 사용되었고, 모스크
바에서 러시아 황실발레단이 초연했다. 이 작품 속에 등장
하는 그랑 빠 드 되(grand pas de deux)는 발레 역사상 주
목할 만한 장면 중 하나이다.

돈키호테(Don Quixote)² 1900년 알렉산드르 고르스키
(Alexander Gorsky)가 안무한 발레 작품. 루드비히 민쿠
스(Ludwig Minkus)의 음악이 사용되었고, 러시아에서 볼
쇼이발레단이 초연했다. 고르스키의 〈돈키호테〉에서는 주
역 무용수와 앙상블의 조화가 돋보였다.

돈키호테(Don Quixote)³ 1965년 조지 발란신(George
Balanchine)이 안무한 발레 작품. 니콜라스 나보코브
(Nicholas Nabokov)의 음악이 사용되었고, 뉴욕시티발레

단이 초연했다. 발란신이 자신의 인생 후반기 가장 뛰어난 뮤즈였던 수잔 패럴(Suzanne Farrell)을 위해 안무한 작품으로 알려져 있다.

ㄹ

라다(Radha) 1906년 루스 세인트 데니스(Ruth Saint Denis)가 발표한 작품. 그녀가 신으로 등장해 무아지경에 빠진 것 같은 춤을 추었다. 그녀의 강한 개성이 이국적인 작품 분위기와 어울려 성공적인 무대를 연출했다.

라 루보비치(Lar Lubovitch) 1943년 출생. 호세리몽무용단의 공연을 보고 감명받아 코네티컷대학과 줄리아드학교에서 무용을 배웠다. 22살에 하크니스발레단에 입단해 2년 남짓 활동했고, 그 후에는 안무에 집중해 〈눈사태(Avanlanche)〉, 〈마사 잭을 위한 스케르초(Scherzo for Massah Jack)〉 등을 발표했다.

라 바야데르(La Bayadére) 인도를 배경으로 한 신비로운 분위기가 돋보이는 3막 5장의 발레 작품. '바야데르'는 이슬람 사원의 무용수를 뜻한다. 1877년 루드비히 민쿠스(Ludwig Minkus)의 음악에 마리우스 쁘띠빠(Marius Petipa)가 안무를 담당했다. 프랑스 출신 안무가 쁘띠빠가 러시아황실 발레단을 위해 만들었고, 러시아 상트페테르부르크에서 초연되었다.

라빈드라나트 타고르(Rabindranath Tagore) 1861년 출생, 1941년 사망. 인도의 시인으로, 1913년 아시아 최초의 노벨문학상 수상자로 선정되었다. 그는 문학가이면서도 한편으로는 인도 무용을 부활시키고 상실된 지위를 복구시키기 위해 지속적인 관심과 노력을 기울였다.

라 실피드(La sylphide)[1] 19세기 발레 로망띠끄(ballet romantique)의 대표작으로 전2막 작품이다. 1832년 필리포 탈리오니(Filippo Taglioni)가 안무를 맡아 파리오페라극장에서 초연했다. 당시 주역 발레리나는 그의 딸 마리 탈리오니(Marie Taglioni)였는데, 그녀는 이 작품에서 이전과 달리 도약 기법을 많이 사용했고 쒸르 레 뿌엥뜨(sur les pointes) 동작을 처음 선보였다.

라 실피드(La sylphide)[2] 19세기 발레 로망띠끄(ballet romantique)의 대표작. 전2막 작품으로, 1836년 덴마크왕립발레단의 아우구스트 부르농빌(August Bournonville)이 안무를 담당했다. 마리 탈리오니(Marie Taglioni)의 동명 작품과는 음악과 안무가 다르다. 오늘날 공연되는 〈라 실피드(La sylphide)〉는 대부분 부르농빌의 것이다.

라 아르헨티나(La Argentina) 1890년 출생, 1936년 사망. 아르헨티나 태생의 스페인 무용가로, 본명은 안토니아 메르세(Antonia Merce)이다. 어린 시절에 발레를 배워 11살 때 마드리드오페라단의 여성 제1무용수가 될 만큼 실력을 인정받았지만, 곧 스페인 고유의 무용에 전념해 더욱 세련된 차원으로 발전시켰다. 특히 캐스터네츠 연주는 그녀에 의해 비로소 예술적 가치가 부각되었다. 아울러 그녀는 스페인 현대무용의 개척자로도 평가받는다.

라 아르헨티나를 찬양하며(Admiring La Argentina) 1976년 부토[舞踏]의 창시자 오노 가즈오(大野一雄)가 발표한 작품. 솔로 부토 작품으로, 가즈오가 긴 시간 동안 라 아르헨티나를 비롯해 몇몇 인물을 무용으로 표현한다.

라울 푀이에(Raoul Feuillet) 1675년 무렵 출생, 1710년 무렵 사망. 프랑스의 무용가이자 안무가였다. 피에르 보샹(Pierre Beauchamps)이 창안한 보샹-푀이에 무보법(Beauchamp-Feuillet notation)을 정리했다. 저서로 〈안무구성법(Chorégraphie ou l'art de décrire la danse)〉 등이 있다.

라이몬다(Raymonda) 1898년 마리우스 쁘띠빠(Marius Petipa)가 안무한 말년의 대표작. 러시아의 전통이 살아 있는 3

막 발레 작품이다. 알렉산드르 글라주노프(Alexander Glazunov)의 음악이 사용되었고, 러시아 마린스키극장에서 러시아황실발레단이 초연했다.

라일락 정원(Jardin aux Lilas) 1936년 앤터니 튜더(Antony Tudor)가 안무해 램버트발레단이 초연한 심리 발레 작품. 에르네스트 쇼송(Ernest Chausson)의 음악이 사용되었다. 상류사회 남녀가 겪는 심리적 갈등을 주로 묘사했기 때문에 도약이 없고 분위기가 무거우며 무용수들의 몸짓이 매우 정교하게 전개된다.

라팔로마아줄(La Paloma Azul) 1939년 설립된 멕시코 최초의 현대무용단. 미국의 현대무용가 겸 안무가 안나 소콜로(Anna Sokolow)가 창단했다.

라 페리(La Péri) 1843년 〈지젤(Giselle)〉의 후속작으로, 프랑스 낭만주의 시인 테오필 고티에(Théophile Gautier)가 대본을 썼다. 이 작품 역시 요정에 관한 발레였다. 카를로타 그리시(Carlotta Grisi)가 주연을 맡았다.

락스 알 샤르키(raqs al sharqi) '벨리댄스(belly dance)'를 말한다. 솔로 즉흥 춤으로, 전문적으로는 흔히 여성들이 공연하지만 비공식적인 마을 축제 등에서는 남성 무용수가 등장하기도 한다.

램버트발레단(Rambert Ballet) 영국에서 최고(最古)의 역사를 자

랑하는 발레단. 1931년 마리 램버트(Marie Rambert)가 창
단을 이끌었는데, 영국의 무용가와 안무가들이 멋진 작품
들을 제작했던 1930년대에 대중에게 큰 감명을 안겨주었
다. 규모는 그다지 크지 않지만, 창단 이래 재능 있는 젊은
무용수들에게 효과적인 훈련장으로 명성을 얻었다. 영국의
또 다른 명문 발레단인 로열발레단(The Royal Ballet)이
설립되는 데도 영향을 끼쳤다.

러시아 군인(Russian Soldier) 1942년 미하엘 포킨(Michel
Fokine)이 안무한 작품. 세르게이 프로코피예프(Sergei
Prokofiev)의 음악이 사용되었다.

러시아(Russia) 발레의 약진 1825년 러시아에서는 볼쇼이극장
이 개장했다. 그들은 이전부터 프랑스의 뛰어난 안무가와
발레 교사, 이탈리아의 일급 무용수들을 초빙하는 데 투자
를 아끼지 않았다. 그 결과 러시아는 발레의 중심 국가 중
하나로 점점 입지를 다져 나갔고, 마침내 19세기 후반 발
레 쇠퇴기에 홀로 전성기를 누리기에 이르렀다. 20세기 전
반부에 등장한 발레 스타들은 거의 전부 러시아 출신이라
고 해도 지나친 말이 아니게 되었다.

런던페스티벌발레단(London Festival Ballet) 1950년 영국 런
던에서 설립된 발레단이다. 알리시아 마르코바(Alicia
Markova)와 안톤 돌린(Anton Dolin)이 콘립만학교 출신

무용수들을 중심으로 만들었다. 매년 런던에서 정기 공연을 개최하며, 유럽 각국을 비롯해 미국과 남미 국가 등으로 순회공연을 다닌다. 여러 고전발레 작품과 마이클 찬리(Michael Chanley)의 〈기쁨을 위한 교향곡(Symphony for Fun)〉 같은 새로운 창작 작품이 주요 레퍼토리이다.

레공(legong) 화려한 꽃무늬 의상을 입고 아름다운 머리 장식과 부채로 치장한 소녀들이 공연하는 마임적인 춤. 인도네시아 전통 악기들의 반주로 야외에서 공연된다. 발리의 춤 가운데 가장 널리 알려져 있다.

레날도의 해방(The Liberation of Renaldo) 루이 13세는 9살에 왕위에 올랐지만 모후(母后)의 섭정에 가려져 있었다. 그는 16살이 되자 이제 자신이 통치권을 이양받을 준비가 되어 있다는 점을 발레를 통해 암시하려고 했는데, 그런 이유로 1617년 직접 대본을 고르고 주연을 맡은 작품이 〈레날도의 해방〉이었다.

레스터 호튼(Lester Horton) 1906년 출생, 1953년 사망. 미국 출신의 현대무용가이다. 하나의 스타일에 안주하지 않고 늘 변화를 꿈꾸는 가변성의 예술세계를 보여주었다. 심지어 그는 동일한 작품도 똑같이 공연하는 법이 없어 후대에 전해지거나 보존될 수 있는 자신만의 레퍼토리가 없었다. 그는 무용수의 움직임에 있어 가장 활발한 창조자 중 한 사람으로 평가받는다. 주요 작품으로 〈열대 트리오 (Tropic Trio)〉, 〈살로메(Salome)〉, 〈클레의 또 다른 수법 (Another Touch of Klee)〉 등이 있다.

레 실피드(Les Sylphides) 세르게이 디아길레프(Sergei Diaghilev)가 창단한 발레뤼스(Ballets Russes)의 첫 작품. 1909년 프레데리크 쇼팽(Frédéric Chopin)의 음악에 미하일 포킨(Michel Fokine)이 안무를 맡았다. 레 실피드 는 '공기의 정령'이란 뜻이며, 이 작품과 더불어 근대 발레 의 역사가 시작된 것으로 평가받는다. 이렇다 할 줄거리는 없지만 달빛 아래 몽환적 분위기에서 젊은 청년이 처녀들 의 영혼과 춤을 추는 이야기이다.

레오니드 라브로프스키(Leonide Lavrovsky) 1905년 출생, 1967년 사망. 러시아 출신의 무용수 겸 안무가이다. 러시아 최고 (最古)의 말리극장(Malyi Theatre) 등에서 발레마스터를 역임했고, 고전발레의 산실인 볼쇼이극장(Bolshoi Teatr) 예술감독으로도 일했다. 그의 안무는 사실적 무용극을 추 구했는데 1940년 초연한 〈로미오와 줄리엣(Romeo and Juliet)〉은 세르게이 프로코피예프(Sergei Prokofiev) 의 음악을 처음으로 채택했고, 1944년 발표한 〈지젤 (Giselle)〉은 현대적 감각으로 새로운 생명을 불어넣어 관 객들로부터 큰 박수를 받았다. 그 밖에 〈석화(The Stone

Flower)〉, 〈발푸르기스의 밤(Walpurgis Night)〉, 〈파가니니(Paganini)〉 등의 작품이 있다.

레오니드 마신(Leonide Massine) 1896년 출생, 1979년 사망. 러시아 출신의 무용수 겸 안무가이다. 1914년 세르게이 디아길레프(Sergei Diaghilev)의 발레뤼스(Ballets Russes)에서 데뷔해 개성적인 무용 테크닉으로 주목받았으며, 이듬해에는 첫 안무 작품 〈밤의 태양(Le Soleil de nuit)〉을 발표했다. 그는 작품 속에 민속무용과 드미 꺄락떼르(demi-caractère)를 삽입했고, 등장인물의 성격과 줄거리를 명확하게 표현하려고 노력했다. 그 후 마신은 발레뤼스가 해체되자, 1930년대부터는 유럽과 미국의 여러 발레단에서 활약하며 자신의 화려한 이력을 쌓아갔다. 1940년대에는 발레시어터(Ballet Theater) 및 로열발레단(The Royal Ballet)과 공연했고, 1966년에는 새로 설립된 몬테카를로 발레단(Les Ballets de Monte-Carlo)에 안무자 겸 예술감독으로 초빙되었다. 그는 평생 동안 80편 안팎의 작품을 안무해 20세기 세계 무용 역사에 반드시 언급되어야 할 중요한 사람으로 손꼽힌다. 주요 작품으로 〈삼각모자(Le Tricorne)〉, 〈아름다운 도나우강(Le Beau Danube)〉, 〈예감(Les Présages)〉 등이 있다. 저서 〈나의 발레 인생(My Life in Ballet)〉과 〈마신의 안무론(Massine on

Choreography)〉도 남겼다.

레온 박스트(Leon Bakst) 1866년 출생, 1924년 사망. 러시아 출신의 무대미술가이며 화가이다. 발레뤼스(Ballets Russes) 창단에 관여했고, 이후 발레 무대 제작에도 참여해 강렬하고 대담한 색채 묘사로 무대미술에 획기적인 변화를 가져왔다. 주요 작품으로 〈세헤라자데(Scheherazade)〉, 〈장미의 정령(Le Spectre de la Rose)〉, 〈목신의 오후(L'Aprés-midi d'un faunne)〉 등이 있다.

레프 이바노프(Lev Ivanov) 1834년 출생, 1901년 사망. 러시아 출신의 무용수 겸 안무가이다. 러시아황실발레단에서 활약했으며, 한동안 마리우스 쁘띠빠(Marius Petipa)의 안무 작업을 보조했다. 이바노프는 일부 발레리나의 화려한 기술보다 작품의 정서적 내용에 주안점을 두었는데, 〈백조의 호수(Swan Lake)〉와 〈호두까기 인형(The Nutcracker)〉 등을 새롭게 안무하면서 명성을 얻었다. 또한 엔리코 체케티(Enrico Cecchetti)와 함께 〈코펠리아(Coppélia)〉를 재안무해 그 후 공연에서 중요한 텍스트가 되었다.

렌틀러(lāndler) 18세기 말~19세기에 걸쳐 오스트리아와 독일 남부 지방에서 성행했던 춤. 19세기 들어 유럽에서 널리 유행했던 왈츠(waltz)가 이 춤에서 변형, 발전된 것으로 알려져 있다. 8분의 3박자나 4분의 3박자로 비교적 느린 템포의 토속적이고 서민적인 춤이다.

로데오(Rodeo) 미국 무용가 애그니스 데밀(Agnes de Mille)이 안무한 2막 발레 작품. 에어런 코플랜드(Aaron Copland)가 음악을 맡아, 1942년 미국 뉴욕에서 몬테카를로러시아 발레단이 초연했다. 미국적인 정서가 가득한 작품으로, 애그니스 데밀은 〈로데오〉가 큰 성공을 거두어 무용계에 본격적으로 이름을 알리게 되었다. 또한 이 작품은 발레 작품 최초로 탭댄스가 삽입되었다.

로라 딘(Laura Dean) 1945년 출생. 미국 출신의 현대무용가 겸 안무가이다. 20살 때 폴 테일러(Paul Taylor)의 무용단에 입단해 활동했고, 이듬해 안무를 시작한 뒤에는 야외 공연 같은 실험적인 시도를 했다. 또한 딘의 작품에는 이따금 노래가 등장하고, 무용수들의 동작이 단순화되어 반복되는 특징이 있다. 주요 작품으로 〈체인징(Changing)〉, 〈노래(Song)〉, 〈공간(Space)〉 등이 있다.

로망띠끄 뛰뛰(romantique tutu) 무릎을 덮고 발목까지 내려오는 긴 뛰뛰를 말한다. 1832년 마리 탈리오니(Marie Taglioni)가 프랑스 파리에서 〈라 실피드(La Sylphide)〉를 공연할 때 처음 선보였다.

로미오와 줄리엣(Romeo and Juliet)[1] 1811년 윌리엄 셰익스피어(William Shakespeare)의 희곡 〈로미오와 줄리엣〉을 바

탕으로 빈첸초 갈레오티(Vincenzo Galeotti)가 안무한 작품. 덴마크왕립발레단(Royal Danish Ballet)이 초연했다. 그 후 여러 발레단이 새로운 시각으로 이 작품을 안무해 인기 있는 레퍼토리가 되었다.

로미오와 줄리엣(Romeo and Juliet)[2] 1940년 세르게이 프로코피예프(Sergei Prokofiev)의 음악에 레오니드 라브로프스키(Leonide Lavrovsky)가 안무를 맡았다. 비극적인 사랑의 투쟁을 다룬 셰익스피어의 희곡을 바탕으로 만들어져, 러시아 상트페테르부르크에서 키예프발레단이 초연했다. 이 밖에 프레드릭 애쉬튼(Frederick Ashton), 존 크랭코(John Cranko), 케네스 맥밀런(Kenneth MacMillan) 등이 안무한 작품이 세계적으로 큰 사랑을 받았다.

로미오와 줄리엣(Romeo and Juliet)[3] 1943년 영국에서 태어난 미국 무용수 겸 안무가 앤터니 튜더(Antony Tudor)가 안무한 작품. 주인공 2명이 추는 춤을 강조해 사랑의 미묘한 감정들을 표현하는 데 초점을 맞추었다. 그의 작품 속에서 로미오와 줄리엣은 성숙한 청춘 남녀의 분위기를 띤다.

로미오와 줄리엣(Romeo and Juliet)[4] 1958년 남아프리카공화국 출신의 안무가 존 크랭코(John Cranko)가 안무한 작품. 역사적 배경 속에 펼쳐지는 사랑 이야기를 서정적인 춤과 활기찬 팬터마임의 효과적인 결합으로 아름답게 표현했다.

로미오와 줄리엣(Romeo and Juliet)[5] 1965년 세르게이 프로
코피예프(Sergei Prokofiev)의 음악에 케네스 맥밀런
(Kenneth MacMillan)이 안무한 작품. 세계적으로 널리
공연되는 〈로미오와 줄리엣〉 중 하나로, 나중에 영화화되
기도 했다.

로미오와 줄리엣(Romeo and Juliet)[6] 1966년 프랑스 출신의 무용
수 겸 안무가 모리스 베자르(Maurice Bejart)가 안무한 작
품. 전통적인 형태로 꾸며진 2인무를 선보였으며, 귀족들
이 마치 소년처럼 행동하도록 묘사했다. 베자르는 이 작품
에서 대중성을 톡톡히 발휘해 2년간 30만 명에 가까운 관
객들을 불러 모은 것으로 알려져 있다.

로열발레단(The Royal Ballet) 1931년 영국 런던에서 니네뜨 드
발루아(Ninette de Valois)의 주도로 설립된 발레단으로,
마고트 폰테인(Margot Fonteyn)과 모이라 시어러(Moira
Shearer) 등 유명 발레리나들을 배출했다. 처음에는 빅웰
스발레단(The Vic-Wells Ballet)이라는 이름이었다가,
1940년 새들러스웰스발레단(Sadler′s Wells Ballet)으로
이름이 바뀐 뒤, 1957년부터 로열발레단이라는 지금의 명
칭을 얻게 되었다.

로버트 조프리(Robert Joffrey) 1930년 출생, 1988년 사망. 미
국 출신의 무용수 겸 안무가이다. 롤랑쁘띠발레단(Roland

Petit Ballet) 등에서 활약했다. 1956년 조프리발레단 (Joffrey Ballet)을 만들어 현대무용과 발레를 접목시키는 등 다양한 작품들을 상연했다. 주요 작품으로 〈페르세포네 (Persephone)〉, 〈가멜란(Gamelan)〉, 〈엽서(Postcards)〉 등이 있다.

로버트 헬프먼(Robert Helpmann) 1909년 출생, 1986년 사망. 오스트레일리아 출신의 현대무용가 겸 안무가이다. 1930 년대 영국 로열발레단에서 무용수로서 재능을 인정받으 며 마고트 폰테인(Margot Fonteyn), 프레드릭 애쉬튼 (Frederick Ashton) 등과 호흡을 맞췄다. 주요 출연작으 로 〈돈키호테(Don Quixote)〉, 〈신데렐라(Cinderella)〉 등 이 있다.

로이 풀러(Loie Fuller) 1862년 출생, 1928년 사망. 미국의 현대 무용가이다. 이사도라 던컨(Isadora Duncan)처럼 자유롭 고 개성적인 표현력을 강조한 현대무용을 추구했다. 풀러 는 무용에 전기 조명을 이용했는데, 넓고 긴 스커트를 펼쳐 흔들며 여러 가지 불빛을 비추는 아름다운 색채 무용인 '스 커트댄스(skirt dance)'를 선보였다. 그리고 스커트에 뱀 무늬를 그려 넣은 뱀춤, 나비 무늬를 그려 넣은 나비춤을 추기도 했다.

롤랑 쁘띠(Roland Petit) 1924년 출생, 2011년 사망. 프랑스 출

신의 무용수 겸 안무가이다. 15살의 나이에 파리오페라 극장발레단에 입단했으며, 21살에는 샹젤리제발레단 설립에 참여했다. 그리고 1948년 24살 때는 롤랑쁘띠발레단(Roland Petit Ballet)을 창단해 제2차 세계대전 종전 후 국제 발레계의 실력자로 떠올랐다. 그의 작품 세계는 환상과 사실주의의 요소를 결합시킨 연극적 발레라는 평가이다. 주요 작품으로 〈카르멘(Carmen)〉과 〈실낙원(Paradisc Lost)〉을 비롯해 〈씀씀이 헤픈 첩(La Croqueuse de Diamants)〉 등이 있고, 발레 영화 〈검은 타이츠(Black Tights)〉의 제작에도 관여했다.

루돌프 누레예프(Rudolf Nureyev) 1938년 출생, 1993년 사망. 러시아 출신의 무용수 겸 안무가이다. 키로프발레단의 솔리스트로 활약하던 중, 1961년 발레단의 파리 공연 때 프랑스에 망명했다. 그 후 미국과 영국에서 활동하다가, 로열발레단에서 마고트 폰테인(Margot Fonteyn)의 상대역으로 명성을 떨쳤다. 안무가로서는 〈백조의 호수(Swan Lake)〉를 남성 무용수 중심으로 개작하는 등 러시아 고전 발레를 새로운 시각으로 서유럽에 알렸고, 몇몇 작품을 창작하기도 했다.

루돌프 폰 라반(Rudolf von Laban) 1879년 출생, 1958년 사망. 헝가리 출신의 무용이론가이자 안무가이다. 몇몇 발레 작

품을 안무하고 무용 학교와 무용 연구소를 설립하기도 했
는데, 그의 업적으로 우선 이야기할 수 있는 것은 인체의
움직임에 대한 분석과 공간 이론의 구축이다. 그는 이러한
노력을 바탕으로 라바노테이션(Labanotation)을 창안하
게 되었다. 이것은 베네쉬노테이션(Benesh notation)과
더불어 대표적인 '발레 기록법' 중 하나인데, 세로로 3줄의
직선을 그어 신체의 좌·우·중앙을 표시하고 그 움직임
뿐만 아니라 방향과 빠르기까지 기록했다. 라반의 가르침
을 받은 마리 비그만(Mary Wigman)과 쿠르트 요스(Kurt
Jooss) 등은 유럽에서 현대무용이 발전하는 데 중요한 역
할을 했다. 그의 저서로는 〈무용가의 세계(Die Welt des
Tänzers)〉 등이 있다.

루스 세인트 데니스(Ruth Saint Denis) 1879년 출생, 1968년 사
망. 미국의 현대무용가 겸 안무가로 동양의 철학과 종교,
무용에도 깊은 관심을 가졌다. 미국 현대무용에서 데니스
가 끼친 영향력은 절대적인데, 음악의 시각화 작업 역시
빼놓을 수 없는 업적 중 하나이다. 즉 그녀는 음악의 기본
적인 리듬뿐만 아니라 음의 강약과 음질에 상응하는 동작
을 정밀하게 요구했다. 1915년에는 남편이자 안무가인 테
드 숀(Ted Shawn)과 함께 데니숀무용학교(Denishawn
School of Dancing and Related Arts)를 설립했다. 주요

작품으로 〈이집타(Egypta)〉, 〈오미카(O-mika)〉, 〈인도 무희의 춤(The Nautch)〉 등이 있다.

루스 세인트 데니스 : 끝나지 않은 생애(Ruth St. Denis : An Unfinished Life) 1939년 현대무용의 개척자 루스 세인트 데니스(Ruth Saint Denis)가 펴낸 자서전 제목이다.

루스 페이지(Ruth Page) 1905년 출생, 1991년 사망. 미국 출신의 무용수 겸 안무가이다. 안나 파블로바(Anna Pavlova)를 비롯해 독일 무용가 하랄트 크로이츠베르크(Harald Kreutzberg)와 순회공연을 다니며 실력을 키웠다. 그 후 1938년에는 벤틀리 스톤(Bentley stone)과 페이지스톤무용단을 만들어 〈프랭키와 조니(Frankie and Johnny)〉를 발표해서 큰 화제를 불러일으켰다. 그 밖에 주요 작품으로 오페라 '카르멘' 이야기로 안무한 〈총과 캐스터네츠(Guns and Castanets)〉, '세빌리아의 이발사'를 바탕으로 한 〈수잔나와 이발사(Susannah and the Barber)〉 등이 있다.

루시퍼(Lucifer) 1975년 마사 그레이엄(Martha Graham)이 발표한 작품으로, 할림 엘다브(Halim El′Dabh)의 음악이 사용되었다. 그녀는 이 작품을 루돌프 누레예프(Rudolf Nureyev)를 위해 안무했다. 'Lucifer'는 '악마, 사탄'이라는 뜻이다.

루신다 차일즈(Lucinda Childs) 1940년 출생. 미국의 현대무용가 겸 안무가이다. 한야 홀름(Hanya Holm)과 헬렌 타미리스 (Helen Tamiris) 등에게 무용을 배웠으며, 저드슨무용단 (The Jurdson Dance Theatre)에서 활동했다. 그녀의 작품 경향은 미니멀리즘(minimalism)을 추구했다. 주요 작품으로 〈해변의 아인슈타인(Einstein on the Beach)〉, 〈무용(Dance)〉, 〈폭포(Cascade)〉 등이 있다.

루실 그란(Lucile Grahn) 1819년 출생, 1907년 사망. 덴마크 출신의 발레리나 겸 안무가이다. 아우구스트 부르농빌 (August Bournonville)에게 발레를 배웠으며, 삐루에뜨 (pirouette) 동작이 매우 뛰어났다. 부르농빌이 안무한 〈라 실피드(La sylphide)〉 등에 주역으로 출연했고, 다수의 오페라 발레를 안무했다. 마리 탈리오니(Marie Taglioni), 파니 체리토(Fanny Cerrito), 카를로타 그리시(Carlotta Grisi)와 함께 낭만주의 발레의 4대 발레리나 중 한 사람으로 손꼽힌다.

루이 듀프레(Louis Dupré) 1690년 출생, 1774년 사망. 프랑스 출신의 발레 무용수이자 발레 교사이다. 당시 몇몇 발레리나들이 인기를 끌기는 했지만, 그는 18세기 초 가장 뛰어난 무용수로 인정받았다. 듀프레는 우아한 아름다움이 강점이었으며, 극적이기보다는 귀족적인 스타일의 무용수였다.

루이 14세(Louis XIV) 1638년 출생, 1715년 사망. 프랑스 부르봉 왕조의 왕으로 1643년부터 1715년까지 재위했다. 절대 왕정의 대표적인 전제 군주였지만, 누구보다 발레를 이해한 후원자이기도 했다. 그는 재능이 뛰어난 발레 무용수들을 자주 궁정으로 초청해 격려하고 공연을 관람했다. 1661년에는 무용수 양성 기관인 왕립무용학교를 설립하기도 했는데, 이것이 오늘날 파리오페라극장의 전신이다.

루이 14세(Louis XIV)의 발레 작품 루이 14세는 1653년 15살의 나이로 〈밤의 발레(Ballet de la Nuit)〉라는 작품에 '태양신'으로 직접 출연했다. 이 일을 계기로 루이 14세는 '태양왕'이라는 별명을 얻게 되었다.

루이스 호스트(Louis Host) 1884년 출생, 1964년 사망. 미국의 음악가로, 무용 음악과 안무에 학문적 체계를 구축해 교육한 선구자였다. 데니숀무용단(The Denishawn Company)의 음악 감독으로 일했고, 마사 그레이엄(Martha Graham) 등이 개성적인 무용 양식을 확립하는 데 많은 도움을 주었다. 현대무용 월간지 〈댄스 옵서버(Dance Observer)〉를 창간했고, 〈현대무용의 형식(Modern Dance Forms)〉 등 의미 있는 저술 활동을 펼쳤다.

루 크리스텐슨(Lew Christensen) 1909년 출생, 1984년 사

망. 미국의 무용수 겸 안무가이다. 조지 발란신(George Balanchine)이 안무한 〈아폴로(Apollp)〉에서 주연을 맡았으며, 첫 미국 발레 〈주유소(Filling Station)〉를 안무하고 직접 주연으로 무대에 오르기도 했다. 아울러 형 윌리엄 크리스텐슨(William Christensen)이 창단한 샌프란시스코 발레단(San Francisco Ballet)이 초석을 다지는 데 힘을 보태기도 했다.

류큐무용(琉球舞踊) 일본 오키나와 지방의 전통무용. 류큐 왕국 때 중국 사절(使節)을 환영하기 위해 궁전에서 공연했던 춤이다. 무용수들은 짙은 분장을 한 채 표정 변화 없이 정적인 움직임을 보인다.

르 코르세르(Le Corsaire)[1] 1856년 조셉 마질리어(Joseph Mazilier)가 안무한 3막 발레 작품. 노예로 팔려가는 그리스 소녀에 관한 바이런(Byron)의 시 〈해적(The Corsair)〉에 기초하여 만들어졌다. 아돌프 아담(Adolph Adam)과 세자르 푸니(Cesare Puni)의 음악으로, 프랑스 파리오페라극장에서 초연되었다.

르 코르세르(Le Corsaire)[2] 1899년 마리우스 쁘띠빠(Marius Petipa)가 조셉 마질리어(Joseph Mazilier)의 〈르 코르세르〉를 새롭게 해석해 무대에 올렸다. 음악은 작곡가 5명의 작품을 이어 붙여 사용했으며, 폭풍우 장면으로 시작되는 프롤로그 등 여러 면에서 풍성한 화제를 낳았다. 흔히 쁘띠빠는 스펙터클 양식의 발레를 완성한 안무가로 일컬어지는데, 이 작품에는 웅장하고 화려하며 다채로운 그의 작품 세계가 잘 드러나 있다.

리빙시어터(The Living Theatre) 1947년 설립되어 1970년까지 유지되었던 미국의 극단. 의식의 각성과 삶의 신성함을 강조하며 각종 장애물을 제거할 것을 목표로 창단되었는데, 그에 걸맞게 급진적이고 개혁적인 주제의 실험극을 주로 제작해 고정관념 같은 관습과 권위에 맞섰다. 미국의 무용가이자 안무가인 제임스 워링(James Waring)은 자신의 많은 작품들을 리빙시어터 무대에 올렸다.

리처드 앨스턴(Richard Alston) 1948년 출생. 영국 출신의 현대무용가 겸 안무가이다. 런던컨템퍼러리댄스스쿨에서 무용을 배웠고, 램버트발레단의 상임안무가와 예술감독을 역임했다. 작품의 특징은 주제가 무겁거나 줄거리에 의존하지 않고, 가벼운 터치로 빠른 전개를 펼쳐 보인다. 주요 작품으로 〈야생동물(Wildlife)〉, 〈한여름(Midsummer)〉 등이 있다.

리하르트 바그너(Richard Wagner) 1813년 출생, 1883년 사망. 독일 출신의 작곡가이다. 〈니벨룽의 반지(Der Ring des Nibelungen)〉 같은 대규모 악극을 비롯해 걸작 오페라 작품들을 창작했으며, 음악론과 예술론 등 이론적 지식도 풍부해 여러 권의 저서를 남겼다. 〈바카날(Bacchanale)〉 등의 발레 작품에도 그의 음악이 사용되었다.

린치타운(Lynchtown) 1936년 찰스 와이드만(Charles Weidman)이 발표한 작품. 대부분 밝고 코믹한 그의 작품 경향과 달리, 이 작품에서는 죄 없는 희생자를 린치 하는 참혹한 폭력 장면이 무대 위에 묘사된다.

릴(reel) 스코틀랜드, 아일랜드, 미국 등에서 성행한 경쾌한 춤곡 또는 그에 맞춰 추는 춤을 말한다. 4분의 4박자로, 보통 2~4명이 어울려 춤을 춘다.

링컨 커스틴(Lincoln Kirstein) 1907년 출생, 1996년 사망. 미국의 무용가이자 뉴욕시티발레단(New York City Ballet)의 총감독을 역임했다. 파리에서 조지 발란신(George Balanchine)을 초빙해 설립한 아메리칸발레학교(American Ballet)를 제2차 세계대전 후 미국에서 가장 주목받는 뉴욕시티발레단으로 발전시켰다. 아울러 그는 잡지 〈댄스 인덱스(Dance Index)〉를 수년간 발간하는 등 미국에서 발레가 주요 예술 장르 중 하나로 성장하는 데 큰 공헌을 했다. 저서로는 〈무용(Dance)〉, 〈동작과 은유(Movement and Metaphor)〉, 〈춤추는 니진스키(Nijinsky Dancing)〉 등이 있다.

마고트 폰테인(Margot Fonteyn) 1919년 출생, 1991년 사망. 영국 출신의 발레리나이다. 로열발레단에서 데뷔해 16살의 나이로 프리마발레리나가 되었는데, 뛰어난 기술과 자신이 맡은 역할에 대한 완벽한 이해로 영국 출신 발레리나로는 최고라는 평가를 받았다. 그녀는 특히 고전발레에 재능을 발휘해 〈지젤(Giselle)〉 등에서 주역을 맡았고, 〈온딘(Ondine)〉 같은 프레드릭 애쉬튼(Frederick Ashton)의 작품에서도 많은 역할을 훌륭히 소화해냈다.

마기 마랭(Maguy Narin) 1951년 출생. 프랑스 출신의 무용수이자 안무가이다. 모리스 베자르(Maurice Bejart)의 무드라(Mudra)에서 무용을 배웠고, 연극에 대한 이해를 바탕으로 새로운 춤 형식에 도전한 무용극에서 두각을 나타냈다. 연극과 현대무용의 결합을 시도하며 무용 극단을 설립하기에 이르렀던 것이다. 또한 전통적인 발레 작품에 남다른 해석과 다양한 연출 기법을 도입해 실험적인 작품으로 재탄생시키는 성과도 거두었다. 1990년대 이후에는 음악인들과 협력을 강화해 무용수의 움직임과 연기, 음악이 함께 어우러지는 뛰어난 작품들을 선보였다. 주요 작품으로는 〈바떼르조이(Waterzooi)〉, 〈메이 비(May B)〉 등이 있다.

마녀의 춤(Witch Dance) 1914년 마리 비그만(Mary Wigman)이 처음으로 안무한 작품. 그녀는 이 작품에서 인간의 악한 감정과 동물적인 본능을 날카롭게 묘사해 낭만발레(romantic ballet)의 우아함과는 전혀 다른 분위기를 만들어냈다.

마농(Manon) 1974년 케네스 맥밀런(Kenneth Macmillan)이 안무한 3막 7장의 발레 작품. 쥘 마스네(Jules Massenet)와 리아턴 루카스(Leighton Lucas)가 음악을 맡아 영국 런던 로열오페라하우스에서 초연했다. 프랑스 소설 〈마농 레스코(Manon Lescaut)〉를 각색하여 만든 것으로, 남녀 사이의 사랑의 갈등을 아름답게 묘사했다.

마니푸리(manipuri) 인도의 4대 전통무용 중 하나. 대사와 노래가 조화롭게 어울리는 가볍고 우아한 분위기의 춤이다.

마르코바돌린발레단(Markova-Dolin Company) 1950년 창설된 런던페스티벌발레단(London Festival Ballet)의 모체. 알리샤 마르코바(Alicia Markova)와 안톤 돌린(Anton Dolin)이 1938년 무렵 함께 만들어 활동했다.

마리 램버트(Marie Rambert) 1888년 출생, 1982년 사망. 폴란드 출신의 영국 무용가이다. 1930년 발레클럽(Ballet Club)을 창설했는데, 이것이 이듬해 램버트발레단(Rambert

Ballet)으로 발전해 오늘에 이르고 있다. 그녀는 당시 외국 발레 예술가를 우대하는 풍토에서 영국인 무용수와 안무가들을 적극적으로 기용하는 등 영국 발레 발전에 크게 기여한 공로로 훈장과 작위를 받았다.

마리 비그만(Mary Wigman) 1886년 출생, 1973년 사망. 독일 출신의 현대무용가이다. 루돌프 폰 라반(Rudolf von Laban)에게 사사했으며, 전통적인 발레와 다른 창조적인 무용세계를 개척했다. 그녀의 이미지는 진지하고 어둡고 신비로우며, 자주 죽음과 전쟁 등을 이야기했다. 그녀는 유럽 현대무용의 선구자로 불리는데, '무용은 인간의 신체 활동으로 혼(魂)을 표현하는 예술이다.'라고 정의했다. 또한 완벽하고 객관적인 움직임의 통제를 강조하면서도 인간 내부의 감정을 외부로 표현하여 전달하지 못하는 무용은 가치가 없는 것이라고 말했다. 주요 작품으로 〈마녀의 춤(Witch Dance)〉, 〈운명의 노래(song of Fate)〉, 〈흔들리는 풍경(Swinging Landscape)〉, 〈죽음의 춤(Dance of Death)〉, 〈인생의 일곱 가지 무용(The Seven Dances of Life)〉, 〈봄의 제전(Le Sacre du Printemps)〉 등이 있다.

마리 살레(Marie Salle) 1707년 출생, 1756년 사망. 프랑스 출신의 무용수이다. 곡예사의 딸로 태어나 어린 시절부터 무대에 올랐다. 20살의 나이로 정식 무용수가 된 뒤에는 실력을 인정받아 궁정 무대에 서기도 했다. 살레는 뛰어난 연기력의 소유자로 진지한 표현주의자라는 평을 들었다. 또한 무대 의상에 반기를 들기도 했는데, 그 무렵의 거추장스러운 의상 대신 모슬린으로 만든 옷을 입고 장식하지 않은 머리를 길게 늘어뜨린 채 춤을 추었다. 주요 안무 작품으로 〈피그말리온(Pygmalion)〉이 있다.

마리아 톨치프(Maria Tallchief) 1925년 출생. 미국 출신의 발레리나이다. 몬테카를로 발레뤼스를 시작으로 파리오페라극장, 뉴욕시티발레단 등에서 활동했다. 아메리카 인디언 출신으로는 최초의 프리마발레리나로 〈아폴로(Apollp)〉, 〈오르페(Orphée)〉, 〈미스 줄리(Miss Julie)〉 등의 작품에 출연했다.

마리우스 쁘띠빠(Marius Petipa) 1819년 출생, 1910년 사망. 러시아의 무용가이자 안무가이다. 1847년 마린스키극장에서 〈파키타(Paquita)〉로 데뷔한 이래 60편이 넘는 작품을 제작하고 안무하는 등 러시아 고전발레 발전에 큰 영향을 끼쳤다. 그의 활약과 러시아 발레의 황금기가 일치한다는 평이 있을 정도이다.

마리 카마르고(Marie Camargo) 1710년 출생, 1770년 사망. 프랑스 출신의 발레리나이다. 최고(最古)의 역사를 자랑하는 파리오페라극장발레단(Paris L'Opéra Ballet)에서 활약했는데, 이전까지 남성들의 전유물처럼 여겨지던 앙트르샤(entrchat)와 까브리올(cabriole) 동작을 완벽히 수행했다. 또한 그녀는 높은 굽의 하이힐 형태에서 벗어나 무용 신발의 뒷굽을 낮췄고, 마치 롱드레스처럼 길었던 무용 스커트를 무릎과 복사뼈 중간쯤에 이르도록 짧게 입어 보다 자유로운 동작 연출을 가능하게 했다.

마리 탈리오니(Marie Taglioni) 1804년 출생, 1884년 사망. 이탈리아 출신의 발레리나로, 아버지인 필리포 탈리오니(Filippo Taglioni)로부터 무용 교육을 받았다. 1827년 파리오페라극장에서 데뷔했으며, 1832년 아버지가 안무한 〈라 실피드(La sylphide)〉에서 주역 발레리나로 활약했다. 당시 그녀는 최초로 쒸르 레 뿌엥뜨(sur les pointes) 동작을 선보여 많은 화제를 불러일으켰다. 파니 체리토(Fanny Cerrito), 루실 그란(Lucile Grahn), 카를로타 그리시(Carlotta Grisi)와 함께 낭만주의 발레의 4대 발레리나 중 한 사람으로 손꼽힌다.

마린스키극장(Mariinskii Teatr) 러시아 상트페테르부르크에 위치한 오페라 극장. 1960년에 설립되어 수많은 명작 발레들이 상연되었다. 18세기 초 러시아 제국의 여제 안나 이바노브나(Anna Ivanovna)가 상트페테르부르크에 설립한 무용아카데미가 진화되어 만들어졌다. 이 곳에서 〈라이몬다

(Raymonda)〉, 〈빈사의 백조(La Mort du Cygne)〉, 〈잠자는 숲 속의 미녀(The Sleeping Beauty)〉 등이 초연되었다.

마사 그레이엄(Martha Graham) 1894년 출생, 1991년 사망. 미국의 현대무용가로 데니숀무용단(The Denishawn Company) 등에서 50년 넘게 활동하며 170여 편의 작품을 만들었다. 그녀는 현대무용에 '수축과 이완(contraction and release)'을 중요한 원리로 도입했는데, 수축은 근육이 오그라들거나 부피가 줄어드는 것을 말하고 이완은 갇히고 잡힌 것을 풀어주거나 감정을 발산하는 것을 의미한다. 또한 무용수는 슬픔이나 기쁨 같은 감정 표현의 도구(instrument of emotion)가 아니라, '움직임의 도구(instrument of motion)'가 되어야 한다고 주장했다. 한편, 마사 그레이엄의 무용을 일컬어 흔히 '신화의 창조'라고 한다. 말 그대로 신화의 재창조에서부터 애국심으로 충만한 개인의 신화 창조까지 그녀의 작품 세계가 다채롭게 펼쳐지기 때문이다. 그러한 노력과 성과로 오늘날 마사 그레이엄은 마리 비그만(Mary Wigman) 등과 더불어 현대무용의 실질적인 창시자로 손꼽히며, 20세기 최고의 독창적인 무용가 중 한 사람으로 인정받는다. 그녀의 주요 작품으로는 정치적 문제를 다룬 〈가까운 비극(Immediate

Tragedy)〉, 첫 번째 솔로 작품인 〈비탄(Lamentation)〉, 청교도적 정서가 표현된 〈애팔래치아의 봄(Appalachian Spring)〉, 루이스 호스트(Louis Host)의 신비로운 음악을 배경으로 한 〈원시의 신비(Primitive Mysteries)〉, 대규모 무용극 〈클리템네스트라(Clytemnestra)〉 등이 있다. 그리고 1991년에는 자서전 〈고뇌의 기억(Blood Memory)〉을 펴냈다.

마사 그레이엄(Martha Graham)과 신화 흔히 마사 그레이엄의 무용을 일컬어 '신화의 창조'라고 한다. 말 그대로 그녀의 작품 세계에 신화의 재창조에서부터 애국심으로 충만한 개인의 신화 창조 등이 다채롭게 펼쳐지기 때문이다. 1958년 마사 그레이엄은 〈클리템네스트라(Clytemnestra)〉라는 대규모 무용극을 발표했다. 이것은 그리스 여왕의 불행을 재조명한 작품으로, 그녀가 신화를 추구하는 대표적인 모습을 보여준다.

마사그레이엄무용단(Martha Graham Dance Company) 1926년 현대무용의 실질적인 창시자이자 20세기 최고의 독창적인 무용가 중 한 사람으로 손꼽히는 마사 그레이엄이 설립한 무용단. 그 해 미국 뉴욕에서 작품 〈반항(Revolt)〉으로 첫 발표회를 가졌다. 머스 커닝엄(Merce Cunningham)과 트와일라 타프(Twyla Tharp) 등 현대무용의 숱한 인재들을 양성한 무용단으로도 잘 알려져 있다.

마스크, 소품 그리고 모빌(Masks, Props and Mobiles) 1953년 알윈 니콜라이(Alwin Nikolais)가 처음으로 발표한 실험 작품. 이 작품에서 무용수들은 기이하고 환상적인 분위기를 연출하기 위해 신축성 좋은 옷감으로 몸을 감싸고 등장했다. 이처럼 무용수의 움직임에 기술적 효과를 결합시키려는 시도는 무용수들의 개성 그 이상의 것을 표현하려는 그의 의지가 반영된 것이었다.

마신의 안무론(Massine on Choreography) 최초로 심포니발레(symohonic ballet)를 시도했던 레오니드 마신(Leonide Massine)의 안무에 대한 견해와 주장을 확인할 수 있는 책. 1976년에 출판되었다.

마야 플리세츠카야(Maya Plisetskaya) 1925년 러시아에서 태어난 발레리나이다. 볼쇼이발레단 등에서 활약했으며, 늦은 나이까지 무대에 올라 많은 사람들의 귀감이 되었다. 특히 그녀가 70살 때 추었던 〈빈사의 백조(La Mort du Cygne)〉는 나이를 가늠하기 어려울 만큼 훌륭한 공연이었다. 그녀는 그 뒤 80살을 기념하는 무대에도 올라 영원한 현역임을 알렸다. 주요 작품으로 〈스파르타쿠스(Spartacus)〉, 〈볼레로(boléro)〉, 〈로미오와 줄리엣(Romeo and Juliet)〉 등이 있다.

마음의 동굴(Cave of the Heart) 1946년 마사 그레이엄(Martha Graham)이 발표한 작품. 질투심에 눈이 멀어 잔혹한 복수를 일삼는 증오의 화신 메데아의 이야기를 바탕으로 하고 있다. 발레는 잔인하거나 공포감을 일으키는 작품이 흔치 않기 때문에 많은 논란 속에 찬사와 비판이 함께 가해졌다.

마주르카(mazurka) 17세기부터 유행한 폴란드의 민속 춤곡이자, 그 곡에 맞춰 추는 춤. 4분의 3박자나 8분의 3박자의 경쾌한 리듬이며, 원형으로 둘러선 여러 쌍의 사람들이 흥겹게 발을 구르고 발뒤꿈치를 치는 특징이 있다.

마크 모리스(Mark Morris) 1956년 출생. 미국 출신의 현대무용가 겸 안무가이다. 1980년 자신의 무용단을 만들어 수십 편의 작품을 발표했으나 한동안 이렇다 할 주목을 받지 못했다. 그의 이름은 무용, 연극, 마임 등 장르를 뛰어넘는 신진 예술가들의 전위예술 축제인 넥스트웨이브페스티벌(Next Wave Festival)을 계기로 알려졌는데, 1984년 이 축제에 참가한 이후 무용계의 관심과 기대를 한 몸에 받게 되었다. 그의 작품은 주로 사랑과 죽음을 다루었고, 때로는 외설로 오해받을 만큼 자극적인 표현을 하기도 했다. 주요 작품으로 〈중국의 닉슨(Nixon in China)〉, 〈오직 당신의 눈으로 축배를 드세요(Drink to Only With Thine Eyes)〉 등이 있다.

마틸다 크셰신스카(Mathilde Kschessinska) 1872년 출생, 1971년 사망. 러시아 출신의 발레리나이다. 러시아황실발레학교를 졸업한 뒤 마린스키극장에 입단했으며, 23살의 나이에 최상급의 프리마발레리나(prima-ballerina)를 일컫는 아쏠루타(assoluta)가 되었다. 그녀는 러시아에서는 최초로 한쪽 다리로 서서 다른 쪽 다리를 휘두르며 회전하는 기법인 푸에떼 앙 뚜르낭(fouetté en tournant)을 32회 연속 성공해 큰 박수를 받았다. 명성에 걸맞게 여러 발레 명작들에 출연했는데, 1911년에는 발레뤼스(Ballets Russes)의 〈백조의 호수(Swan Lake)〉에서 바츨라프 니진스키(Vatslav Nizhinskii)와 함께 공연을 펼치기도 했다.

말괄량이 길들이기(The Taming of the Shrew) 남아프리카공화국 출신의 존 크랭코(John Cranko)가 안무를 맡아 독일 슈투트가르트발레단(Stuttgart Ballet)이 초연한 2막 발레 작품이다. 셰익스피어(Shakespeare)의 희극을 각색한 1969년 작품으로, 쿠르트 슈톨츠(Kurt Stolze)의 음악이 사용되었다. 무용수들의 표정과 동작이 익살스러우며, 작품의 분위기가 전체적으로 밝고 현란하다.

말괄량이 딸(La Fille Mal Gardée) 1789년 프랑스 출신의 무용수 겸 안무가 장 도베르발(Jean Dauberval)이 발표한 2막 3장의 발레 작품. 처음으로 농가의 평범한 사람들을 주요 인물로 등장시켰으며, 최초의 코믹발레로 알려져 있다.

맥락화(contextualization) 맥락화(脈絡化)는 역사 연구에서 다양한 배경들을 서로 이어져 있는 관계나 연관의 개념으로 구축하는 것을 말한다. 역사가는 특정한 사실의 중심에서 시작해 그 정황에 대한 관심을 넓혀가며 연구의 초점인 사건과 활동을 체계화해 그와 관련된 환경 내에 배치한다.

맥시밀리안 가르델(Maximilien Gardel) 1741년 출생, 1787년 사망. 프랑스 출신의 무용수 겸 안무가이다. 장 조르주 노베르(Jean Georges Noverre)에게 무용을 배웠다. 한쪽 발로 서서 다른 한쪽 발로 마루 위에 반원형을 그리는 동작인 롱 드 장브(rond de jambe)를 창안했고, 한쪽 다리로 몸의 중심을 잡고 팽이처럼 도는 삐루에뜨(pirouette) 기법을 완성했다.

머레이 루이스(Murray Louis) 1926년 출생. 미국 출신의 현대무용가 겸 안무가이다. 알윈니콜라이무용단과 안느베랑제무용단에서 활약했으며, 1953년부터는 자신의 무용단을 만들어 활동하기도 했다. 루이스는 리드미컬하게 팔다리가 분리된 듯한 움직임을 표현하는 능력이 있었고, 안무가로서 희극적인 감각이 뛰어났다. 주요 작품으로 〈쓰레기 춤(Junk Dance)〉, 〈바흐 조곡(Bach Suite)〉, 〈면(Facets)〉 등이 있다.

머스 커닝엄(Merce Cunningham) 1919년 출생, 2009년 사망. 미국 출신의 현대무용가 겸 안무가이다. 20살 때부터 6년간 마사그레이엄무용단에서 독무자로 활동했으며, 조지 발란신(George Balanchine)에게 가르침을 받기도 했다. 1953년 자신의 무용단을 결성한 뒤에는 새로운 형태의 추상무용을 개발하는 데 몰두했다. 그는 무용에 정서적 의미를 개입시키지 않는 순수한 움직임을 추구했고, 장식이나 음악을 분리시켰다. 아울러 동전 던지기 같은 비주관적인 방식의 무용 제작 기법인 '우연기법(chance technique)'을 도입했다. 이를테면 〈독무자와 3개의 그룹을 위한 16편의 춤(Sixteen Dances for Solist and Company of Three)〉 같은 작품이 그런 예이다. 또한 무대 공간의 사용 방식도 달랐다. 그는 관례적으로 솔로 무용수들의 공간이었던 '전방의 중앙'이라는 개념을 없앴다. 그의 무용은 무대의 모든 장소에서 이루어졌다. 아울러 입체적 예술인 무용을 꼭 전방에서 보아야 한다는 고정관념도 깼다. 무용은 어느 각도에서든 볼 수 있어야 한다고 믿어 객석의 형태도 'L'자로 꾸미는 등 혁신적인 시도를 했던 것이다. 하지만 커닝엄은 결코 단순한 파괴자가 아니었다. 그는 기존 전통의 틀을 깨고 자유로운 무용을 추구했지만, 과거를 자양분으로 삼아 미래를 개척하는 개혁자였다. 주요 작품으로는 〈레

인포레스트(Rainforest)〉, 〈배리에이션 파이브(Variation V)〉, 〈섬머스페이스(Summer Space)〉, 〈우연에 의한 스튜(Suite by Chance)〉, 〈유나이티드 솔로(United Solo)〉 등이 있다. 그 밖에 〈무용수와 무용(The Dancer and the Dance)〉 등의 책도 펴냈다.

머스 커닝엄(Merce Cunningham)의 순수한 움직임 머스 커닝엄은 무용수의 움직임들이 조화롭게 표현되면 일부러 의도하지 않더라도 자연스럽게 작품 전체를 통해 감정이 드러난다고 보았다. 그는 〈무용수와 무용(The Dancer and the Dance)〉이라는 저서를 통해 '나는 자신이 결코 비표현적이라고 생각하지 않는다. 단지 나는 누구에게 억지로 무엇을 표현시키려고 하지 않을 뿐이다. 관객들이 감상하는 각도에 따라 나의 작품을 감상하고 느끼면 되는 것이다.'라고 말했다.

메레디스 몽크(Meredith Monk) 1943년 출생. 페루 태생의 미국 현대무용가 겸 안무가이다. 미아 슬라벤스카(Mia Slavenska)와 마사 그레이엄(Martha Graham), 머스 커닝엄(Merce Cunningham) 등에게 발레와 현대무용을 배웠다. 그 후 저드슨무용단과 자신이 창단한 무용단 더하우스에서 활동했다. 그녀는 음악에도 소질이 있어 작사와 작곡을 직접 했고, 시적이면서도 강렬한 무용극을 창작했다. 주요 작품으로 〈주스(Juice)〉, 〈어린 소녀의 교육 (Education of Girlchild)〉, 〈파리 · 베니스 · 밀라노 · 샤콘(Paris · Venice · Milan · Chacon)〉 등이 있다.

메이 비(May B) 1981년 작가 사무엘 베케트(Samuel Beckett)의 〈고도를 기다리며(En Attendant Godot)〉를 소재로 삼아, 마기 마랭(Maguy Narin)이 안무를 맡은 발레 작품. 인간 소외와 존재에 대한 의문, 미래에 대한 불안을 무대 예술로 승화시켰다. 평소 연극적인 상황과 무용의 결합을 시도한 마랭의 작품 세계를 확인할 수 있다. 프랑스 크레테이유 문화예술회관에서 초연되었다.

메이얼링(Mayerling) 1978년 케네스 맥밀런(Kenneth Macmillan)이 안무한 3막 11장의 발레 작품. 프란츠 리스트(Franz Liszt)의 음악이 사용되었고, 영국 런던오페라하우스에서 초연됐다. 1889년에 자신의 연인을 살해하고 스스로 권총 자살한 오스트리아헝가리제국의 황태자 루돌프의 이야기를 담은 비극적 내용이다.

메케댄스(meke dance) 남태평양 피지 원주민의 전통 춤이다. 이방인이 방문하면 축하의 의미로 이 춤을 추는데, 나무껍질로 만든 치마를 입고 쉴 새 없이 몸을 흔든다. 음악은 전통 악기 랄리로 연주한다.

메트로폴리탄 데일리(Metropolitan Daily) 1939년 독일 출신의 미

국 무용수 겸 안무가 한야 홀름(Hanya Holm)이 발표한 작품. 아메리칸댄스페스티벌(American Dance Festival)을 통해 처음 공개되었으며, 현대무용 작품으로는 미국에서 처음으로 텔레비전을 통해 방영되었다. 홀름은 그 밖에도 아메리칸댄스페스티벌에서 1937년 〈경향(Trend)〉, 1938년 〈댄스 소나타(Dance Sonata)〉, 1941년 〈여기 지구로부터(From This Earth)〉 등을 발표했다.

멜리사 헤이든(Melissa Hayden) 1923년 출생, 2006년 사망. 캐나가 태생의 미국 발레리나이다. 발레시어터를 시작으로 뉴욕시티발레단에서 활동했다. 1952년에는 찰리 채플린(Charles Chaplin)의 영화 〈라임라이트(Limelight)〉에 출연하기도 했다.

모드 앨런(Maud Allan) 1883년 출생, 1956년 사망. 캐나다 태생의 미국 무용수 겸 안무가이다. 이사도라 던컨(Isadora Duncan)이 그랬듯, 그녀 역시 그리스 문화의 부활을 꿈꾸었다. 얇은 튜닉을 입고 맨발로 춤을 추었으며, 대표작 〈살로메의 환영(The Vision of Salome)〉을 발표해 관객들로부터 큰 박수를 받았다. 사실 이 작품은 처음에 주인공이 나체에 가까운 의상을 입고 세례 요한의 잘린 머리에 입을 맞추는 장면 때문에 논란이 일기도 했다. 하지만 관객들이 곧 그런 파격에 적응하면서 대단한 인기를 끌어 4년 동안 공연이 이어지게 되었다.

모레스카(moresca) 15~16세기에 에스파냐의 무어족이 추던 춤을 낭만적으로 변형시킨 것인데, 흔히 두 줄로 늘어서서 추는 합창무용 형식을 취했다. 일반적으로 이와 같은 합창무용에서 발레가 생겨난 것으로 본다.

모리스(morris) 영국 민속무용의 하나. 남성들끼리만 추는 2박자 또는 4박자의 가장 무곡으로, 로빈훗 등 영국의 전설 속 인물들로 분장한다. 영국의 민속무용 연구가 세실 샤프(Cecil Sharp)가 이 춤의 보존에 크게 이바지했다.

모리스 베자르(Maurice Bejart) 1927년 출생, 2007년 사망. 프랑스 출신의 무용수 겸 안무가이다. 롤랑쁘띠발레단과 스웨덴왕립발레단 등에서 활약하다가 자신의 무용단을 설립했으며, 1960년 파리세계연극제에서 〈봄의 제전(Le Sacre du Printemps)〉을 공연해 최우수안무가상을 받았다. 그후 벨기에 브뤼셀의 왕립 극장 발레 감독이 되었고, 20세기발레단의 예술 감독으로도 재능을 발휘했다. 주요 작품으로 〈볼레로(Bolero)〉, 〈우리들의 파우스트(Notre Faust)〉, 〈제9번 교향곡(Ninth Symphony)〉 등이 있다.

모이라 시어러(Moira Shearer) 1926년 출생. 영국 출신의 발레리나이다. 1942년 새들러스웰스발레단(Sadler's Wells Ballet)에 입단한 이후 〈잠자는 숲 속의 미녀(The

Sleeping Beauty)〉, 〈백조의 호수(Swan Lake)〉, 〈지젤 (Giselle)〉 같은 고전발레에서 주역으로 활동했다. 또한 1948년 프레드릭 애쉬튼(Frederick Ashton)이 안무한 〈신데렐라(Cinderella)〉에서도 주연을 맡았는데, 그것은 먼저 섭외되었던 마고트 폰테인(Margot Fonteyn)의 갑작스런 부상으로 얻게 된 행운이었다. 그 해에 시어러는 발레 영화 〈빨간 신발(The Red shoes)〉에도 발레리나 역으로 출연해 사신의 이름을 널리 알리게 되었다. 그 후 그녀는 몇몇 영화 출연과 연극배우 활동을 비롯해 시낭송회 개최 등으로 발레 이외의 분야에서도 바쁜 나날을 보냈다.

모이세예프발레단(Moiseyev Ballet) 1937년 설립된 러시아 발레단. 이고르 모이세예프(Igor Moiseyev)가 창단했다. 구소련을 비롯한 각지의 민속무용과 발레를 결합시켰다.

모임에서 추는 춤(Dances At a Gathering) 1969년 제롬 로빈스(Jerome Robbins)가 안무한 발레 작품. 프레데리크 쇼팽(Frédéric Chopin)의 음악이 사용되었고, 미국 뉴욕 스테이트시어터에서 초연됐다. 별다른 줄거리 없이 남녀 각 5명의 무용수가 등장해 세련된 발레 기교를 보여준다.

모차르티아나(Mozartiana) 1981년 조지 발란신(George Balanchine)이 안무한 작품. 표트르 차이코프스키(Pyotr Tchaikovsky)의 음악이 사용되었으며, 미국 뉴욕주립극장에서 뉴욕시티발레단이 초연했다. 이 작품은 발란신의 줄거리 없는 발레의 첫 시도로 알려져 있다.

목신의 오후(L'Aprés-midi d'un faunne)[1] 탁월한 발레 무용수로 평가받았던 바츨라프 니진스키(Vatslav Nizhinskii)가 발레뤼스(Ballets Russes)를 위해 1912년 말라르메(Mallarmv)의 시를 바탕으로 안무한 작품이다. 드뷔시(Debussy)의 음악을 사용했으며, 프랑스 파리 샤트레극장에서 초연되었다. 목신이 어느 여름 오후에 플롯을 불다가 아름다운 처녀와 사랑에 빠진다는 내용이다.

목신의 오후(L'Aprés-midi d'un faunne)[2] 1953년 제롬 로빈스(Jerome Robbins)가 안무한 작품. 드뷔시(Debussy)의 음악을 그대로 사용해, 바츨라프 니진스키(Vatslav Nizhinskii)의 〈목신의 오후〉를 현대적으로 해석했다. 이 작품에서 로빈스는 작품 무대를 현대의 발레 스튜디오로 설정했고, 목신과 님프의 춤을 젊은 남녀 무용수의 빠 드 되(pas de deux)로 바꾸었다.

몰리에르 상상(La Moliére Imaginaire) 1976년 모리스 베자르(Maurice Bejart)가 발표한 작품. 베자르 스스로 '발레 희극'이라고 규정했는데, 춤과 노래와 연기가 효과적으로 결합되었다. 또한 의상과 무대장치 등에 17세기 궁정 스타일과 현대의 초현실주의를 적절히 조화시켰다.

무도장의 룸바(rumba) 현대무용의 등장에서 비롯된 사회 분위기의 변화는 사교댄스 분야인 무도장 문화에도 큰 변화를 가져왔다. 19세기의 비교적 단순한 '회전 무용'이 밀려나고 보다 역동적이고 정열적인 새로운 리듬이 인기를 끌게 된 것이다. 그 중 하나가 룸바인데, 쿠바의 전통적인 춤으로 그 음악은 타악기와 코러스만으로 연주된다. 1930년 무렵부터 미국과 유럽 각지로 전파되어 새로운 사교춤으로 유행했다. 룸바는 그 리듬이 매혹직이면서도 피겨(figure)가 단순해 춤을 익히기가 비교적 어렵지 않다. 음악은 4분의 2박자나 4분의 4박자로 이루어진다.

무도장의 지터벅(jitterbug) 현대무용의 등장에서 비롯된 사회 분위기의 변화는 사교댄스 분야인 무도장 문화에도 큰 변화를 가져왔다. 19세기의 비교적 단순한 '회전 무용'이 밀려나고 보다 역동적이고 정열적인 새로운 리듬이 인기를 끌게 된 것이다. 그 중 하나가 스윙(swing) 리듬에 맞추어 추는 지터벅인데, 1930년대 말~1940년대 초 미국에서 유행하기 시작해 전 세계로 전파되었다. 4분의 4박자로 템포가 빠르고 경쾌하면서 스텝이 즉흥적이라 젊은층에서 특히 열광했다.

무도장의 퀵스텝(quick step) 현대무용의 등장에서 비롯된 사회 분위기의 변화는 사교댄스 분야인 무도장 문화에도 큰 변화를 가져왔다. 19세기의 비교적 단순한 '회전 무용'이 밀려나고 보다 역동적이고 정열적인 새로운 리듬이 인기를 끌게 된 것이다. 그 중 하나가 퀵스텝인데, 4분의 4박자의 경쾌하고 빠른 스텝의 춤이다. 템포는 1분에 50~52소절의 속도로 연주된다. 아주 빠르고 신바람 나는 춤으로 손꼽히지만, 그런 까닭에 정확한 동작을 표현해내기가 쉽지 않다.

무도장의 탱고(tango) 현대무용의 등장에서 비롯된 사회 분위기의 변화는 사교댄스 분야인 무도장 문화에도 큰 변화를 가져왔다. 19세기의 비교적 단순한 '회전 무용'이 밀려나고 보다 역동적이고 정열적인 새로운 리듬이 인기를 끌게 된 것이다. 그 중 하나가 탱고인데, 1880년 무렵 아르헨티나 부에노스아이레스의 하층민 지역에서 생겨났다. 탱고의 비약적인 발전은 1900년대부터 본격적으로 시작되었다. 초기의 탱고는 경쾌하고 활기찼으며, 1915년 무렵 유럽에도 전해져 큰 인기를 끌었다. 그런데 1920년대가 되자 탱고의 분위기가 바뀌어 우수의 정서를 띠게 되었다. 탱고 음악의 기본적인 리듬은 4분의 2박자이며 각 박자에 악센트가 있다. 템포는 1분간 30~34소절로 연주된다.

무도장의 폭스트롯(fox trot) 현대무용의 등장에서 비롯된 사회 분위기의 변화는 사교댄스 분야인 무도장 문화에도 큰 변화를 가져왔다. 19세기의 비교적 단순한 '회전 무용'이 밀려나고 보다 역동적이고 정열적인 새로운 리듬이 인기를 끌게 된 것이다. 그 중 하나가 폭스트롯인데, 1910년대 미국에서 유행한 춤 또는 그 춤곡을 말한다. 음악은 4분의 4박자이고, 템포는 1분에 30~32소절의 속도로 연주된다.

무드라(mudra) 인도 무용에서, 무용적 손동작을 일컫는다. 무드라는 한국을 비롯해 중국과 동남아시아 무용에도 영향을 끼쳤다.

무어인의 파반느(The Moor´s Pavane) 1919년 호세 리몽(José Limón)이 안무를 담당한 작품. 4명의 댄서가 등장해 질투와 분노, 후회 같은 감정을 묘사한다. 헨리 퍼셀(Henry Purcell)의 음악을 사용해, 미국 코네티컷대학교 대강당에서 초연됐다. 제목의 '파반느(pavane)'는 16~17세기 유럽에서 유행했던 궁정 무곡을 말한다.

무용과 발레에 관한 편지(Letters on Dancing and Ballets) 1760년 장 조르주 노베르(Jean Georges Noverre)가 발표한 무용 미학에 관한 저술. 그는 이 글을 통해 감정을 표현하는 데 있어 무용이 언어보다 오히려 뛰어나다고 주장했다. 또한 안무와 의상에 대한 비논리적인 접근을 비판했으며, 춤이 현실을 정확하게 반영하도록 일상에서 사람들의 움직임을 잘 관찰해야 한다고 말했다.

무용과 음악의 새로운 관계 세르주 리파르(Serge Lifar)는 무용
을 먼저 안무한 다음 그 리듬에 맞춘 음악을 만들려는 시도
를 했다. 그 결과물이 1935년 발표한 발레 작품 〈이카로스
(Icare)〉이다. 머스 커닝엄(Merce Cunningham) 역시 음
악과 무용의 전통적인 관계를 부정했는데, 음악이 무용에
영향을 주는 방식이 아니라 무용이 음악에 영향을 끼치는
제작 방식을 고민했다.

무용과 합창단 지휘법에 대하여(De Arte Saltandi et Choreas
Ducendi) 최초의 무용 교사라고 할 수 있는 이탈리아의 댄
스마스터 도메니코 다 피아센짜(Domenico da Piacenza)
가 펴낸 책. 그는 이 책에서 무용의 형태와 무용수의 능력,
자세, 매너 등에 대해 이야기했다. 당시 이탈리아는 르네
상스시대 무용 발전의 새로운 중심지로 떠올랐다.

무용교수법(Le Maitre a Danse) 1725년 피에르 라모(Pierre
Rameau)가 펴낸 책. 피에르 보샹(Pierre Beauchamps)
이 창안한 '발레의 다섯 가지 기본 발동작'에 관한 내용이
실려 있다. 이 규칙은 오늘날까지 지켜지고 있는 발레의 기
본 원칙이다.

무용사 연구의 1차 자료 연구 대상의 실존 시기 동안 발생한 자
료들을 말한다. 그 시대에 일어난 물적 증거 자료인 셈인
데, 이를테면 안무가의 무보(舞譜) 기록과 주석을 달지 않

은 일지 같은 것이 해당된다. 아울러 공연에서 무용수들이 실제 입었던 의상 기록 등도 포함된다.

무용사 연구의 2차 자료 무용 공연 이후 그 작품에 대해 조사 · 분석한 것 같은 간접적인 자료들을 말한다. 2차 자료는 긴 시간 동안 계속 누적되어 무용 발전의 시대적 자취로 인용된다. 더불어 2차 자료에는 무용에 관한 참고 서적과 백과사전, 무용 역사서 등도 포함된다.

무용사 연구의 문서 자료 서양 무용사 연구에서는 전통적으로 문서 자료가 가장 중요하게 생각되어 왔다. 문서 자료는 자서전, 공연 프로그램, 포스터, 배역 목록, 안무 일지, 평론가 비평문, 무보(舞譜), 악보, 법령, 저널, 잡지, 신문, 영수증 등 매우 다양하다. 그런데 무용 자료의 구분은 절대적인 것이 아니다. 왜냐하면 사진이 실린 공연 프로그램의 경우 문서 자료이면서 시각 자료로서도 가치가 있기 때문이다.

무용사 연구의 시각 자료 오늘날의 무용 연구에서는 시각적 이미지가 강조되고 음향 기술이 발달하면서 시각 자료와 음향 자료의 가치가 점점 높아지고 있다. 그 중 시각 자료로는 무용의 움직임 자체를 포함해 무대 디자인, 무대 의상, 비디오테이프, 소품, 사진, 그림 등을 예로 들 수 있다.

무용사 연구의 음향 자료 무용사를 연구할 때 중요한 자료

가 되는 음향 자료에는 공연에 사용된 음악이 있다. 그리고
안무가 등과 대면한 인터뷰와 회고담 등도 음향 자료라고
할 수 있다.

무용술(The Code of Terpsichore) 1830년 이탈리아 출신의 발레
교육자 카를로 블라시스(Carlo Blasis)가 두 번째로 펴낸
책. 그가 발전시킨 전통과 새로운 기법들이 잘 정리되어 있
는 저술로, 무용 역사상 최고의 이론서 중 하나로 평가받는
다.

무용 스커트의 변신 18세기의 대표적 무용수인 마리 카마르고
(Marie Camargo)는 높은 굽의 하이힐 형태에서 벗어나
무용 신발의 뒷굽을 낮췄다. 그리고 마치 롱드레스처럼 길
었던 무용 스커트를 무릎과 복사뼈 중간쯤에 이르도록 짧
게 입어 보다 자유롭고 정확한 동작 연출이 가능하게 했다.
그처럼 여성의 발목을 드러내는 것은 당시 사회 풍토에서
매우 과감한 도전이었다.

무용 언어(Die Sprache des Tanzes) 1963년 유럽 현대무용의 개
척자인 독일의 마리 비그만(Mary Wigman)이 펴낸 책. 그
녀는 완벽하고 객관적인 움직임의 통제를 강조하면서도
인간 내부의 감정을 외부로 표현하여 전달하는 감정전달
(communication of emotion)에 실패하면 훌륭한 무용이
될 수 없다고 주장했다.

무용 예술의 이론과 실제에 관한 개론(Traité élémentaire, théorique, et pratique de l'art de la danse) 1820년 이탈리아 출신의 발레 교육자 카를로 블라시스(Carlo Blasis)가 펴낸 책. 고전 발레 기법에 대한 분석을 처음 정리한 책으로 알려져 있다.

무용이 음악에 영향을 주는 제작 방식의 등장 1965년 머스 커닝엄(Merce Cunningham)은 〈배리에이션 파이브(Variation Ⅴ)〉를 발표했다. 이 작품은 미국의 현대음악가 존 케이지(John Cage)가 음악을 담당했는데, 음악과 무용의 전통적인 관계가 완전히 부정되었다. 즉 무대 위에 전선으로 연결된 안테나를 설치하고 무용수들이 그 밑으로 지나가야 음악이 나오는 방식을 택해, 음악이 무용에 영향을 주는 기존 방식이 아니라 무용이 음악에 영향을 주는 제작 방식을 선보였다.

무용 형태의 개념 무용을 계통적으로 종합한 전체에서 그 기능과 배경에 따라 구분 짓는 것을 말한다. 이를테면 민족무용, 교육무용, 종교무용, 사교무용, 공연무용, 치료무용, 전통무용 등으로 무용 형태를 나눌 수 있다.

무용 환경의 개념 무용 연구에 있어 그 환경에 대한 고찰은 무용 역사가들의 오랜 관심사였다. 그것을 무용 환경이라고 말할 수 있는데, 그러한 요인을 배제한 채 무용을 연구하면 중대한 결함을 야기하게 된다. 즉 미학적 관계, 인류학적

관계, 문화적 관계, 지리적 관계 등을 비롯해 정치적 배경
과 심리적 배경, 사회적 배경 같은 무용 환경을 면밀히 살
펴야 올바른 무용사 연구를 할 수 있다는 의미이다.

믈 드 라퐁텐(Mlle de Lafontaine) 1665년 출생, 1738년 사망.
1681년 발표된 장 밥티스트 륄리(Jean Baptiste Lully)의
작품 〈사랑의 승리(Le Triophe de L´Amour)〉에서 최초
로 여성 직업 무용수로 등장해 이전까지 젊은 남성이 맡아
오던 여성 역할을 직접 해냈다. 아울러 발레 역사에 기록된
첫 번째 제1무용수라는 칭호도 얻었다.

미국 무대에 오른 〈잠자는 숲 속의 미녀(The Sleeping Beauty)〉
1890년 러시아에서 초연된 〈잠자는 숲 속의 미녀〉는 1949
년 10월 9일 비로소 미국 무대에 첫 선을 보였다. 장소는
뉴욕 메트로폴리탄 오페라하우스. 로열발레단의 미국 순회
공연이었는데, 마고트 폰테인(Margot Fonteyn)과 로버트
헬프먼(Robert Helpmann)이 열연했다.

미국 무용의 아버지(Father of American Dance) 무용비평가 월터
테리(Walter Terry)가 펴낸 미국 현대무용가 겸 안무가인
테드 숀(Ted Shawn)의 전기. 1976년 출간되었다.

미국 대학의 무용학과 설립 붐 1934년 미국 베닝턴대학에서 베
닝턴여름무용학교(The Bennington Summer School of
the Dance)가 열렸다. 이것은 워크숍 형태의 무용 학교였

는데, 그 후 미국 각 대학에 무용학과 설립 붐이 일어나 미국 현대무용 발전의 근간이 되었다.

미국 최초의 댄스 페스티벌 1940년 미국에서 최초로 시작된 댄스 페스티벌인 '제이콥스필로우댄스페스티벌(Jacob′s Pillow Dance Festival)'이 개최되었다. 이 성대한 현대무용 축제는 지금도 매년 여름이면 2개월여 동안 열리는데, 루스 세인트 데니스(Ruth Saint Denis)의 남편이자 안무가인 테드 숀(Ted Shawn)이 만들었다.

미국 최초의 발레단 오늘날 미국에서 가장 오래된 발레단은 샌프란시스코발레단(San Francisco Ballet)이다. 1933년 샌프란시스코오페라단의 가에타노 메롤라(Gaetano Merola)가 발레단을 만든 뒤, 1938년 윌리엄 크리스텐슨(William Christen)이 예술감독이 되면서부터 독립된 단체로 면모를 갖추어 정식 창단되었다. 이듬해 크리스텐슨은 미국 최초로 〈코펠리아(Coppélia)〉를 전막 공연했고, 1940년에는 〈백조의 호수(Swan Lake)〉 전막을 무대에 올렸다.

미국 최초의 발레 무대 1791년 미국 최초로 알렉산더 플라시드(Alexander Placide)와 그의 아내가 사우스캐롤라이나 찰스턴에서 발레를 무대에 올렸다. 그리고 다음해에는 뉴욕에서 전 시즌에 걸쳐 공연을 펼치기에 이르렀다.

미뉴에트(minuet)의 시대 사교무용 분야에서 1650년부터 1750

년까지의 시기를 일컫는다. 이 무렵 궁정 무도회에서 미뉴
에트는 모든 춤의 으뜸이며 축제의 정점이었다. 미뉴에트
란, 17~18세기 프랑스와 영국을 중심으로 유행한 4분의 3
박자의 무곡(舞曲)과 그 무용을 말한다.

미르이스쿠스트바(Mir Iskusstva) '예술세계'라는 뜻. 1898년 러
시아에서 세르게이 디아길레프(Sergei Diaghilev)와 알
렉산드르 베노이스(Alexander Benois) 등이 공동 창간해
1904년까지 발간한 잡지이다. 예술적 개인주의와 개성을
강조했으며, 디아길레프러시아발레단의 탄생에 큰 영향을
끼쳤다.

미스 루스(Miss Ruth) 미국이 현대무용가 겸 안무가 루스 세인
트 데니스(Ruth Saint Denis)를 일컫던 별칭이다. 그녀는
80세가 훌쩍 넘은 나이에도 왕성한 활동을 펼쳐 가장 사랑
받고 존경받는 살아 있는 무용수라는 뜻으로 이와 같은 별
칭을 얻게 되었다.

미아 슬라벤스카(Mia Slavenska) 1916년 출생, 2002년 사망. 크
로아티아 태생의 미국 발레리나이다. 뉴욕메트로폴리탄오
페라의 프리마발레리나 등을 역임했다.

미첼 클락(Michael Clark) 1962년 출생. 스코틀랜드 태생의 미
국 현대무용가 겸 안무가이다. 램버트발레단 등에서 활동
하다가, 1984년 스스로 무용단을 만들어 여러 작품들을 발

표했다. 그의 작품세계는 분열된 동작과 빠른 흐름으로 기존의 질서에 도전하는 것이었다. 그래서 자주 파격적이고 파괴적인 면모를 선보였는데, 마치 영화처럼 전문 무용수가 아닌 엑스트라를 무대에 등장시키는 식이었다. 또한 정교하고 밝은 분위기의 안무 속에 아마추어 같은 유치한 제스처를 삽입하거나, 고도의 감성을 표현하는 무용이 뜻밖의 에로티시즘과 연결되는 식으로 모순(contradiction)을 표현했다. 주요 작품으로 〈우리는 그래야 했기 때문에(Because We Must)〉, 〈늪(swamp)〉 등을 비롯해 기존 발레 작품을 각색한 〈오(O)〉, 〈음(Mmm)〉 등이 있다.

미하일 모르드킨(Mikhail Mordkin) 1881년 출생, 1944년 사망. 러시아 출신의 무용가 겸 안무가이다. 발레뤼스(Ballets Russes)에서 활약했고, 볼쇼이극장(Bolshoi Teatr)의 발레 마스터를 역임했다. 1937년 모르드킨발레단을 만들었는데, 이것을 바탕으로 1939년 아메리칸발레시어터(American Ballet Theater)가 설립되었다.

미하일 바리시니코프(Mikhail Baryshnikov) 1948년 출생. 구소련 출신의 미국 무용가이다. 키로프마린스키발레단(The Kirov-Mariinsky Ballet)에서 활동하다가, 미국 망명 후에는 아메리칸발레시어터(American Ballet Theater)에서 활약했다. 그는 작은 키에도 불구하고 높은 도약 능력과 유연성을 바탕으로 최고의 테크니션이라는 찬사를 받았다. 주요 작품으로는 〈밀면 밀린다(Push Comes to Shove)〉, 〈다른 무용수들(Other Dancers)〉, 〈랩소디(Rhapsody)〉 등이 있고 〈사랑과 갈채의 나날(The Turning Point)〉, 〈백야(White Nights)〉, 〈무용수들(Dancers)〉 등의 영화에도 출연했다.

미하일 포킨(Michel Fokine) 1880년 출생, 1942년 사망. 러시아 출신의 무용수이자 안무가이다. 마린스키극장에서 데뷔한 이래 주로 고전발레에 출연했으며, 25살이 넘어서면서부터는 안무가로도 활동했다. 1905년 발표한 〈빈사의 백조(La Mort du Cygne)〉는 안나 파블로바(Anna Pavlova)를 위해 만든 짧은 독무 작품으로 안무가로서 그의 재능이 훌륭히 발휘되었다. 그 후 포킨은 1909년~1914년 발레뤼스(Ballets Russes)의 수석안무가로 일하면서 〈불새(The Firebird)〉와 〈페트루슈카(Petrushka)〉 등을 창작했다. 그리고 1919년 미국으로 건너간 뒤에는 가정을 꾸리고, 1932년 귀화를 결심하기에 이르렀다. 그 밖에 주요 작품으로는 〈레 실피드(Les Sylphides)〉, 〈장미의 정령(Le Spectre de la Rose)〉, 〈돈 후앙(Don Juan)〉 등이 있다.

미하엘 포킨(Michel Fokine)**의 맨발 공연** 1907년 미하일 포킨은 발레 작품 〈쇼피니아나(Chopiniana)〉를 발표했다. 이 작품에서 그는 처음으로 맨발 공연을 시도했는데, 드라마틱한 연출과 무용의 순수한 모습을 관객들에게 보이기 위해 과감히 토슈즈를 벗어던졌다고 말했다.

민스트럴쇼(minstrel show) 춤과 연극적 표현을 결합시킨 무대극 형식의 일종. 흑인 분장을 한 백인들이 대규모로 벌였던 쇼로, 1850년~1870년 미국과 영국에서 큰 인기를 끌었다. 풍자적으로 묘사된 흑인 노예들의 춤과 노래가 주요 소재였다.

바가노바 메소드(Vaganova method) 러시아의 무용 교사 아그리피나 바가노바(Agrippina Vaganova)가 창안한 발레 교육법. 섬세하고 정확성에 중점을 두는 것이 특징으로 무용수의 내면과 표현력을 강조한다. 보통 러시아파 발레를 '바가노바파' 또는 '바가노바 메소드'라고 할 정도로 큰 영향을 끼쳤다.

바라타나티암(bharatanatyam) 인도의 4대 전통무용 중 하나. 인도 무용에서, 오늘날에는 무대 위에서 공연되지만 원래는 성전에서 행해지던 여성의 독무(獨舞)를 일컫는다. 팬터마

임 유형과 순수 리듬 운동 유형이 있다. 18세기 무렵 지금
의 형태로 완성되었다.

바스크무용(basque dance) 스페인 바스크 지방의 전통무용들을
일컫는다. 춤의 분위기는 스페인보다 오히려 프랑스 쪽에
가까우며, 대부분의 무용이 남성들만 춤을 추는 특징이 있
다.

바실리 드 바실(Wasily de Basil) 1888년 출생, 1951년 사망. 러
시아 출신의 군인이었으나, 발레단 경영에 뛰어들어 1932
년 발레뤼스드몬테카를로(Ballets Russes de Monte
Carlo)를 창단했다. 이 발레단은 조지 발란신(George
Balanchine)과 레오니드 마신(Leonide Massine) 등을
영입해 최고 수준으로 성장했지만, 단원들의 이합집산
등 우여곡절을 겪다가 설립 8년 만에 오리지널발레뤼스
(Original Ballets Russes)로 명칭을 바꾸었다.

바야니한(bayanihan) 흔히 '필리핀 전통무용'으로 인식되고 있
는 용어이다. 원래 의미는 '함께 일하는'이라는 뜻으로, 여
러 명이 그룹을 이루어 춤을 춘다. 도자기를 머리에 이는
등 흥밋거리를 더해 관객들로부터 인기를 끌고 있다.

바이올린협주곡(Barber Violin Concerto) 1972년 덴마크 출신의
무용수 겸 안무가 피터 마틴스(Peter Martins)가 안무한
작품. 발레와 현대무용을 효과적으로 결합시킨 작품이다.

바체바 드 로스차일드(Batsheva de Rothschild) 1914년 출생, 1999년 사망. 이스라엘 무용 발전에 중요한 역할을 한 후 원자이다. 유대계 금융 부호인 로스차일드 가문의 후손으로 마사그레이엄무용단을 후원했으며, 이스라엘에 정착한 뒤에는 마사 그레이엄(Martha Graham)을 초청해 무용수를 양성했다. 또한 1964년 바체바무용단을 창단했으며, 1967년에는 바트로드무용단과 발레 학교를 세웠다.

바체바무용단(Batsheva Dance Company) 1964년 바체바 드 로스차일드(Batsheva de Rothschild)가 마사 그레이엄(Martha Graham)을 예술고문으로 해서 창단한 이스라엘 무용단이다. 40년 이상 활발한 활동을 펼쳐, 이제는 이스라엘을 넘어 세계 무용계의 큰 이름으로 우뚝 서 있다.

바츨라프 니진스키(Vatslav Nizhinskii) 1890년 출생, 1950년 사망. 러시아 출신의 발레 무용수 겸 안무가이다. 러시아 마린스키극장에서 공연하며 놀라운 성공을 거둔 뒤, 1909년 세르게이 디아길레프(Sergei Diaghilev)가 창단한 발레뤼스(Ballets Russes)에 참여해 제1 남성 무용수로 활약했다. 특히 그는 미하일 포킨(Michel Fokine)이 안무한 작품에서 타마라 카르사비나(Tamara Karsavina)와 함께 매우 뛰어난 연기를 펼쳐 보였다. 그는 탁월한 도약력과 극적이고 아름다운 표현력, 경쾌함 속의 강인함을 갖췄다는 평가를 받으며 천재적인 발레 무용수라는 찬사를 들었다. 〈사 육제(Le Carnaval)〉, 〈세헤라자데(Scheherazade)〉, 〈페 트루슈카(Petrushka)〉 등의 작품에 출연했고 〈목신의 오 후(L'Aprés-midi d'un faunne)〉, 〈봄의 제전(Le Sacre du Printemps)〉 등을 안무했다.

바카날(Bacchanale) 1939년 레오니드 마신(Leonide Massine) 이 안무한 심포니발레(symphonic ballet) 작품. 리하르트 바그너(Richard Wagner)의 음악이 사용되었고, 초현실주 의 화가 살바도르 달리(Salvador Dali)가 각본과 무대장치 를 맡았다.

반항(Revolt) 1926년 최고의 현대무용가 중 한 사람으로 손꼽 히는 마사 그레이엄(Martha Graham)이 미국 뉴욕에서 마사그레이엄무용단(Martha Graham Dance Company) 을 설립한 뒤 그 해 발표한 첫 작품. 가난한 노동자를 주인 공으로 한 격렬한 춤 때문에, 그동안 아름답고 우아한 춤에 익숙해 있던 사람들이 문화적 충격을 받았다.

발레 동작의 생략 1907년 미하엘 포킨(Michel Fokine)은 발 레 개혁가다운 면모를 유감없이 보여줬다. 그 해 발표 한 자신의 작품 〈유니스(Eunice)〉에서 발레의 중요한 기 본동작인 턴 아웃(turn-out), 뿌엥뜨(pointe), 삐루에 뜨(pirouerre), 롱 드 장브(rond de jambe), 아띠뚜드

(attitude) 같은 동작들을 과감히 생략하거나 없앤 것이다.

발레뤼스(Ballets Russes) 1909년 세르게이 디아길레프 (Sergei Diaghilev)가 프랑스 파리에서 조직한 발레단. 미하일 포킨(Michel Fokine)과 안나 파블로바(Anna Pavlova), 바츨라프 니진스키(Vatslav Nizhinskii) 등 이 참여했으며 〈레 실피드(Les Sylphides)〉, 〈세헤라자데 (Scheherazade)〉, 〈불새(The Firebird)〉 등을 무대에 올 렸다. 1929년 세르게이 디아길레프(Sergei Diaghilev)가 세상을 떠난 뒤 해체되었다.

발레뤼스드몬테카를로(Ballets Russes de Monte Carlo) 1932년 몬 테카를로에 설립된 발레단. 세르게이 디아길레프(Sergei Diaghilev)가 죽고 나서 그가 설립한 발레단인 발레뤼스 (Ballets Russes)의 정신을 계승 · 발전시키기 위해 만 들어졌다. 발레뤼스드몬테카를로 창단의 주역은 바실 리 드 바실(Wasily de Basil)이고, 조지 발란신(George Balanchine)과 레오니드 마신(Leonide Massine)이 안무 가로 활약했다.

발레마스터의 회상(Memoirs of a Ballet Master) 러시아 출신의 무 용수이자 안무가 미하일 포킨(Michel Fokine)의 자서전이 다.

발레 무대에 도입된 큐비즘(cubism) 1917년 레오니드 마신

(Leonide Massine)이 안무한 발레 작품 〈퍼레이드
(Parade)〉에 최초로 큐비즘이 도입되었다. 미술을 담당했
던 파블로 피카소(Pablo Picasso)가 무대장치에 그와 같은
시도를 한 것이다.

발레 속의 미뉴에트(minuet) 발레는 17~18세기 프랑스와 영국
을 중심으로 유행했다. 프랑스에서는 루이 14세 때 공식
궁정무용이 되었고, 17세기 음악가 장 밥티스트 륄리(Jean
Baptiste Lully)가 미뉴에트를 발레에 도입했다.

발레씨어터(Ballet Theater) 1939년 미하일 모르드킨(Mikhail
Mordkin)이 미국 뉴욕에서 만든 아메리칸발레시어터
(American Ballet Theater)의 설립 당시 명칭이다. 1957
년부터 지금의 명칭으로 바뀌었다.

발레USA(Ballet USA) 1958년 설립된 미국 발레단. 제롬 로빈스
(Jerome Robbins)가 창단 주역이었다. 유럽을 주요 무대
로 활동하며, 미국의 모던발레를 소개했다.

발레클럽(Ballet Club) 1930년 마리 램버트(Marie Rambert)
가 영국에서 창설한 발레단. 이듬해 램버트발레단(Ballet
Rambert)으로 발전했다.

발레 혁신을 위한 5대 원칙 1915년 미하일 포킨(Michel
Fokine)이 영국에서 발행되던 〈타임스(Times)〉지를 통
해 발표한 발레에 관한 선언. 그 내용은 '각각의 발레 작품

마다 시대와 소재에 어울리는 새로운 동작을 창작해야 한다. 춤의 의미는 온몸의 움직임으로 표현되어야 하며 그것은 개인뿐만 아니라 집단으로, 독무뿐만 아니라 군무로 확장되어야 한다. 한 편의 발레를 구성하는 무용과 음악, 미술 등 모든 예술 분야의 협력 관계는 동등한 비중으로 다루어져야 한다.'라는 것이었다.

밤(La Nuit) 조지 발란신(George Balanchine)이 처음 안무한 발레 작품. 1920년 그의 나이 16살 때 발표되었다.

밤의 발레(Ballet de la Nuit) 1653년 루이 14세(Louis XIV)가 15살의 나이로 직접 출연한 발레 작품이다. 4막 구성의 이 작품에서, 그는 무려 여섯 인물의 역할을 해냈다. 이후에 루이 14세는 '태양왕'이라는 별명을 얻게 되었다.

밤의 얼굴(face of night) 1929년 마리 비그만(Mary Wigman)이 발표한 〈흔들리는 풍경(Swinging Landscape)〉에 등장하는 솔로 무용이다. 그녀는 이 춤을 통해 제1차 세계대전에서 전사한 독일 군인들을 추모했다.

밤의 태양(Le Soleil de nuit) 20세기의 위대한 안무가 레오니드 마신(Leonide Massine)의 첫 번째 안무 작품. 1915년 발레뤼스(Ballets Russes)에서 발표했다.

밥 포시(Bob Fosse) 1927년 출생, 1987년 사망. 미국의 대표적인 뮤지컬 안무가 및 영화감독이다. 흰 장갑과 한쪽 손만을 이용한 제스처 등 '포시 스타일'로 불리는 개성적인 댄스 스타일을 창안해냈다. 그의 재즈 스타일 안무는 흥행성과 작품성을 함께 갖춘 것으로 평가받는다. 주요 뮤지컬 작품으로 〈달콤한 자선(Sweet Charity)〉과 〈시카고(Chicago)〉 등이 있고, 영화 〈올 댓 재즈(All That Jazz)〉 등을 연출했다.

방탕아의 여로(The Rake's Progess) 1935년 니네뜨 드 발루아(Ninette de Valois)가 안무한 작품. 영국 화가 윌리엄 호거스(William Hogarth)의 연작 그림을 발레화한 것으로, 게빈 고든(Gavin Gordon)이 대본과 음악을 담당했다. 마임적 연극의 성격이 강한 작품이다.

방탕한 아들(The Prodigal Son) 1929년 조지 발란신(George Balanchine)이 안무한 작품으로, 그의 대표작 중 하나이다. 보리스 코치노(Boris Kochno)의 대본에 세르게이 프로코피예프(Sergei Prokofiev)의 음악이 사용되었다.

백조의 호수(Swan Lake) 〈잠자는 숲 속의 미녀(The Sleeping Beauty)〉, 〈호두까기 인형(The Nutcracker)〉과 더불어 고전발레의 3대 명작 중 하나. 차이코프스키(Tchaikovsky)의 음악에 마리우스 쁘띠빠(Marius Petipa)와 레프 이바노프(Lev Invanov)가 공동으로 안무를 담당해 1877년 러시아 모스크바 볼쇼이극장에서 초연했다. 전4막으로 구성되었으며, 마법에 걸려 백조가 되어 버린 오데프 공주의 이야기를 담고 있다.

백조의 호수라고 불린 발레(The Ballet Called Swan Lake) 시릴 보몽(Cyril Beaumont)이 펴낸 책. 발레 명작 〈백조의 호수(Swan Lake)〉의 탄생 배경부터 줄거리, 초연 당시의 무용수, 주요 장면, 안무, 음악 등에 대해 자세히 설명했다.

범주화(categorization) 개별적인 개념이나 사건, 사물들을 어떤 목적을 위해 공통적인 속성을 중심으로 분류해서 체계화하는 것을 말한다. 이것은 개별적인 개념이나 사건, 사물들을 구분하고 이해하는 데 도움이 된다. 무용 역사 연구에도 과거의 자료와 기록 등을 범주화시키는 과정이 필요하다.

베다야(bedaya) 인도네시아 자바의 춤으로, 제식(祭式) 무용 중 하나이다. 손가락은 그대로 둔 채 손목을 많이 이용하여 원을 그리는 동작을 만들어낸다. 공연 내내 얼굴 표정에 변화가 없고, 동작도 역동적인 움직임이 거의 없다. 스카프를 소품으로 사용한다.

베라 넴치노바(Vera Nemtchinova) 러시아 출신의 발레리나. 1899년에 태어나 10살 때부터 발레를 시작했다. 1915년 발레뤼스(Ballets Russes)에 들어가 25살에 프리마발레리나가 되었고, 안톤 돌린(Anton Dolin)과 함께 발레단을 창단하기도 했다. 주요 작품으로 〈암사슴(Les Biches)〉을 비롯해 〈지젤(Giselle)〉, 〈코펠리아(Coppélia)〉 등이 있다.

보드빌(vaudeville) 1890년대 중반부터 1930년대 초까지 미국에서 유행했던 버라이어티쇼의 일종. 무용수와 가수를 비롯해 배우와 곡예사, 마술사 등이 출연해 각각 별개의 공연들을 펼치는 형태로 진행되었다.

보샹-푀이에 무보법(Beauchamp-Feuillet notation) 무보법(舞譜法)의 종류 중 하나. 1674년 루이 14세의 명으로 피에르 보샹(Pierre Beauchamps)이 고안하고 라올 푀이에(Raoul Feuillet)가 정리했다.

볼레로(Bolero)[1] 1928년 브로니슬라바 니진스카(Bronislava Nijinska)가 안무한 발레 작품. 모리스 라벨(Maurice Ravel)의 음악이 사용되었고, 프랑스 파리오페라극장에서 초연됐다. 그 후 1932년 안톤 돌린(Anton Dolin), 1941년 세르주 리파르(Serge Lifar)가 이 작품을 다시 안무했다.

볼레로(Bolero)[2] 1961년 모리스 베자르(Maurice Bejart)가 20세기발레단을 위해 처음 안무한 단막 발레 작품. 모리스 라벨(Maurice Ravel)의 음악을 사용해, 벨기에 브뤼셀에서 초연됐다. 일부에서 저속한 작품이라는 비난이 뒤따랐으나 삶과 죽음, 사랑 등 폭넓은 주제 의식을 비롯해 다양한 음악과 종교, 민속춤을 과감히 끌어들여 발레 예술의 지평을 넓힌 것으로 평가받는다.

볼레로(Bolero)³ 1970년대 후반 20세기발레단의 조르주 돈 (Jorge Donn)이 새롭게 안무하여 발표했다. 그는 원래 여성 솔리스트 중심의 이 작품을 자신의 야성적인 관능을 강조하는 작품으로 변모시켰다. 아울러 음악의 성격에 충실했던 기존 안무 방식과도 차별성을 드러냈다.

볼쇼이발레단(Bolshoi ballet) 1780년 창단된 러시아 발레단으로 볼쇼이극장에 소속되어 있다. '큰 발레단'이라는 의미를 갖고 있으며, 발레 무대에 사실주의를 도입하는 데 상당한 영향을 끼쳤다. 특히 19세기 고전무용의 전통을 간직하고 있는 고전발레 작품들을 섬세하게 안무해 무대에 올린 것으로 잘 알려져 있다.

봄의 제전(Le Sacre du Printemps) 1913년 이고리 스트라빈스키 (Igor Stravinsky)의 음악에 바츨라프 니진스키(Vatslav Nizhinskii)가 대본과 안무를 담당한 발레 작품. 무용으로 태고(太古)의 의식을 표현하고, 음악으로는 원시적인 에너지를 생동감 있게 드러낸다. 스트라빈스키의 음악은 1부 '대지의 찬양'과 2부 '대제물'로 이루어졌다. 〈불새(The Firebird)〉, 〈페트루슈카(Petrushka)〉와 더불어 스트라빈스키의 3대 발레 음악으로 손꼽힌다. 프랑스 파리 샹젤리제극장에서 초연되었다.

부가쿠[舞樂] 일본 궁중 의식에 관련된 식전(式典) 무용을 말한다. 일정한 양식에 따라 팔과 발 등의 위치가 정해져 있으며, 춤사위는 전반적으로 기하학적 형태를 보인다. 무용수들은 탈을 쓰고 춤을 추는데, 등장인물의 성격 묘사 등에 효과적이다.

부르농빌과 발레 테크닉(Bournonville and Ballet Technique) 1961년 덴마크 출신의 무용수 에릭 브룬(Erick Bruhn)이 릴리언 무어(Lillian Moore)와 함께 펴낸 책. 발레 입문서로 잘 알려져 있다.

부르농빌 메소드(Bournonville method) 덴마크의 무용가 겸 안무가 부르농빌이 창안한 발레 교육법. 체케티 메소드(Cechetti method), 바가노바 메소드(Vaganova method)와 함께 주요 발레 기법 중 하나로 손꼽힌다. 그 밖에 혁명 이전의 러시아에서 실시되었던 '러시아 메소드'와 영국 왕립무용학교(Royal Academy of Dance)의 교수법인 'RAD 메소드' 등이 있다.

부정형적 사건 부정형(不定形)적 사건이란, 일정하지 않은 형태나 양식의 사건을 말한다. 무용 역사에 대한 새로운 관점은 통합된 전체를 보여주기 위해 부정형적인 사건이나 불규칙적인 현상들을 외면하지 않는다. 즉 하나의 사실에 연관된 모든 역사적 징후들을 밝히려는 시도가 나타나고 있는 것이다.

불기둥(Pillar of Fire) 1942년 앤터니 튜더(Antony Tudor)가 안무한 심리 발레 작품. 아놀드 쇤베르크(Arnold Schönberg)의 음악 〈정화된 밤(Verklärte Nacht)〉이 사용되었고, 미국 뉴욕 메트로폴리탄오페라하우스에서 초연됐다. 결혼 적령기에 이르렀으나 절망에 빠진 젊은 여인에 관한 이야기이다. 이것은 튜더가 미국에서 처음 만든 작품으로 알려져 있다.

불새(The Firebird) 1910년 이고리 스트라빈스키(Igor Stravinsky)의 음악에 미하엘 포킨(Michel Fokine)이 안무를 담당한 작품. 스트라빈스키의 첫 번째 발레 음악으로, 러시아발레단의 파리 공연을 위해 작곡되었다. 〈봄의 제전(Le Sacre du Printemps)〉, 〈페트루슈카(Petrushka)〉와 더불어 스트라빈스키의 3대 발레 음악으로 손꼽힌다. 발레 작품은 다양한 러시아의 동화에 기초하여 불새를 잡으려는 이반 왕자의 이야기를 다룬다. 프랑스 파리오페라극장에서 초연되었다.

브누아 드 라 당스(Benois de la Danse) 1991년에 발레 개혁자 장 조르주 노베르(Jean-Georges Noverre)를 기리기 위해 국제무용협회 러시아 본부에서 제정한 상. '춤의 영예'라는 뜻으로, 무용계의 아카데미상으로 불릴 만큼 권위가 있다.

브라이언 맥도널드(Brian MacDonald) 1928년 출생. 캐나다 출신의 무용수 겸 안무가이다. 캐나다국립발레단 단원이었으며, 위니펙왕립발레단에서 안무가로 활동했다. 그 뒤 스웨덴왕립발레단(Royal Swedish Ballet), 미국하크네스발레단(American Harkness Ballet), 이스라엘 바체바무용단(Batsheva Dance Company) 등 여러 곳에서 감독직을 역임했다.

브랑르(branle) 2박자 또는 3박자 계통의 프랑스 고전 무용, 그리고 그 스텝을 중심으로 한 무곡을 말한다. 몇 쌍의 남녀가 손을 잡고 원을 이루어 상체를 양 옆으로 흔들면서 좌우 스텝을 밟는다. 전체적인 춤의 진행 방향은 왼쪽이다. 15세기 중반부터 17세기 중반까지 프랑스를 비롯해 영국 등에서 유행했다. 이 춤을 바탕으로 여러 가지 무용 형식이 생겨났다고 알려져 있다.

브로니슬라바 니진스카(Bronislava Nijinska) 1891년 출생, 1972년 사망. 러시아의 무용수 겸 안무가이다. 러시아황실발레학교를 졸업하고 발레뤼스(Ballets Russes)에서 솔리스트로 활약했다. 30살 때부터는 안무를 시작해 뛰어난 재능을 발휘했는데, 일부에서는 그녀의 오빠인 바츨라프 니진스키(Vatslav Nizhinskii)의 영향을 받은 것으로 평가한다. 주요 작품으로 〈암사슴(Les Biches)〉과 〈볼레로(Bolero)〉 등이 있다.

블라디미르 바실리예프(Vladimir Vasiliev) 1940년 출생. 모스크바 무용아카데미를 졸업한 후 볼쇼이발레단에 입단했다. 부부 사이였던 에카테리나 막시모바(Yekaterina Maximova) 등과 환상적인 호흡을 맞추며, 볼쇼이발레단의 강인한 이미지 구축에 큰 영향을 끼쳤다. 아울러 그는 남성 무용수들의 신장에 대단한 공헌을 했으며, 1995년부터 2000년까지 볼쇼이발레단의 예술감독을 역임했다.

블러드 메모리(Blood Memory) 20세기의 위대한 무용가 마사 그레이엄(Martha Graham)의 자서전. 1991년 미국에서 출간되었다.

블루스 모음곡(Blues Suite) 1958년 앨빈 에일리(Alvin Ailey)가 발표한 작품. 블루스 음악의 분위기를 반영한 춤의 모음이라고 할 수 있다. 그 안에서 다뤄지는 소재는 절망과 분노, 저항 같은 것이다.

비의도적 자료 역사학자 아서 마윅(Arthur Marwick)이 '의도적 자료'와 함께 역사 연구에 관한 자료를 분류한 기준이다. 이것은 무용 역사 자료를 이해하는 데도 도움이 된다. 이를테면 20세기 초에 촬영된 여성 무용수들의 사진을 접했을 때, 당시 안무가들이 여성 무용수의 신체에 대해 어떤 판단력을 가졌는지 통찰할 수 있는 비의도적 자료가 되는 것이다.

비탄(Lamentation) 1935년 마사 그레이엄(Martha Graham)이 발표한 첫 번째 솔로 작품. 이 작품에서 마사 그레이엄은 거대한 천에 감싸여 격렬한 몸짓을 함으로써 고통에서 벗어나려는 간절한 움직임을 보여준다. 작품은 내내 앉은 자세로 진행되는데, 마사 그레이엄은 맨발로 펼쳐진 이 작품에서 온몸을 뒤틀리듯 움직이며 고뇌에 찬 손동작으로 가슴 치는 비탄을 전한다.

빅웰스발레단(The Vic-Wells Ballet) 1931년 영국 런던에서 니네뜨 드 발루아(Ninette de Valois)가 주도해 로열발레단(The Royal Ballet)을 설립했을 당시 명칭이다. 이후 1940년 새들러스웰스발레단(Sadler's Wells Ballet)으로 이름이 바뀌었고, 1957년부터 로열발레단이라는 지금의 명칭을 얻게 되었다.

빈사의 백조(La Mort du Cygne) 1905년 미하일 포킨(Michel Fokine)이 안나 파블로바(Anna Pavlova)를 위해 만든 짧은 독무 작품. 즉 '발레 모놀로그(ballet monologue)'라고 일컫는 솔로 발레(solo ballet) 작품이다. 까미유 생상스(Camille Saint-Sans)의 음악이 사용되었고, 러시아 상트페테르부르크 마린스키극장에서 초연됐다.

빈첸초 갈레오티(Vincenzo Galeotti) 1733년 출생, 1816년 사망. 1775년부터 삶을 마칠 때까지 40여 년 동안 덴마크왕립발레단(Royal Danish Ballet)의 예술감독으로 있으면서 공연 레퍼토리를 완성했다.

빌리 더 키드(Billy the Kid) 1938년 유진 로링(Eugene Loring)이 안무를 맡아 발표한 작품. 미국 서부 이야기를 다룬 단막 발레 작품으로, 에어런 코플랜드(Aaron Copland)의 음악이 사용되었다. 그 내용은 무려 21명을 살해한 윌리엄 보니(William Bonney)의 실화를 바탕으로 하고 있으며, 작품 속 주인공 빌리가 꾸는 꿈의 전개 방식이 한동안 미국 공연계에서 유행했다.

빌보드(Billboards) 1993년 조프리발레단(Joffrey Ballet)이 미국에서 초연해 큰 화제를 불러일으킨 작품이다. 록스타 프린스의 음악을 무용화했는데, 감각적인 안무와 무대 의상이 돋보였다. 이 작품은 발레 기교의 지평을 넓혔다는 호평과 함께 지나치게 상업적이라는 비판을 받았다.

빠 드 까트르(Pas de quatre) 1845년 세자르 푸니(Cesare Pugni)의 음악에 쥘 페로(Jules Perrot)가 안무를 맡은 발레 작품. 4인무(四人舞)로 공연되었다. 당시 가장 뛰어난 무용수였던 마리 탈리오니(Marie Taglioni), 파니 체리토(Fanny Cerrito), 카를로타 그리시(Carlotta Grisi), 루실 그란(Lucile Grahn)이 참여해 더욱 화제가 되었다. 페로는 이 작품을 빅토리아 여왕과 부군을 위한 축하 의식용으로 창작했다.

빨간 신발(The Red shoes) 1948년 마이클 파웰(Michael Powell)이 감독한 영국 영화. 예술과 사랑 사이에서 번민하다가 죽음을 맞이하는 발레리나의 이야기를 그렸다. 새들러스웰스발레단(Sadler's Wells Ballet)의 화려한 무용 장면이 압권인데, 발레리나 모이라 시어러(Moira Shearer)가 주연을 맡았다.

사계(The Four Seasons) 1984년 안토니오 비발디(Antonio Vivaldi)의 음악에 롤랑 쁘띠(Roland Petit)가 안무를 맡은 작품이다. 이탈리아 베네치아에서 마르세유발레단이 초연했다. 쁘띠 외에 마리우스 쁘띠빠(Marius Petipa), 케네스 맥밀런(Kenneth MacMillan) 등도 이 작품을 안무했다.

사계절(The Seasons) 1947년 머스 커닝엄(Merce Cunningham)이 존 케이지(John Cage)와 제휴해 발표한 작품. 그들은 '우연성(chance)'을 강조하는 공통점이 있었는데, 이 밖에 〈배리에이션 파이브(Variation Ⅴ)〉 등의 작품도 함께했다.

사라 레비-타나이(Sarah Levi-Tanai) 1911년 출생, 1975년 사망. 이스라엘의 무용수이며 안무가이다. 이스라엘에는 1920년 대 예술의 개념으로 무용이 소개되었고, 1948년 건국을 기점으로 수준 높은 무용단들이 만들어지기 시작했다. 그 시초가 바로 사라 레비-타나이가 창단한 인발무용단(Inbal Dance Company)이다. 그와 같은 이유로 사라 레비-타나이는 이스라엘 무용계의 대모로 불린다.

사라반드(sarabande) 16세기 말부터 유럽 각국에 전파되어 18세기까지 유행했던 고전 무곡 또는 그에 맞춰 추는 춤을 말한다. 2분의 3박자나 4분이 3박자의 느리고 장중한 곡조로, 오페라와 발레 작품에도 종종 인용되었다.

사랑은 마술사(El Amor Brujo) 1915년 스페인 작곡가 마누엘 데 파야(Manuel de Falla)의 음악에 파스토라 임페리오(Pastora Imperio)가 안무를 맡은 발레 작품. 안달루시아 지방의 전설을 바탕으로 만들어졌으며, 마드리드에서 초연되었다.

사랑의 승리(Le Triophe de L'Amour) 1681년 발표된 장 밥티스트 륄리(Jean Baptiste Lully)의 작품. 최초로 여성 직업 무용수가 등장해 이전까지 젊은 남성이 맡아오던 여성 역할을 직접 해냈다. 이 작품의 성공을 계기로 비로소 발레에 여성 무용수에 대한 기대가 높아졌다.

사랑의 시련(L′Epreuve d′Amour) 1936년 미하엘 포킨(Michel Fokine)이 안무한 작품. 한국 고전 〈춘향전〉을 소재로 삼은 것으로 알려져 있다. 여주인공 역시 '충양(Chung Yang)'이라는 이름으로 등장한다. 모나코 몬테카를로오페라극장에서 몬테카를로러시아발레단이 초연했다.

사료편찬(historiography) 사료(史料)란 역사 연구에 필요한 문헌과 유물 등을 말한다. 편찬(編纂)은 여러 가지 자료를 모아 체계적으로 정리해 책자로 만드는 것이다. 그러므로 사료편찬은 문서와 기록, 건축물, 생활용품, 예술 작품 따위의 구체적인 자료를 모아 역사 연구를 하고 그 결과를 책으로 펴내는 작업을 의미한다. 이것은 역사적 커뮤니케이션의 가장 일반적인 형태로 볼 수 있다.

사르다나(sardana) 스페인 카탈루냐 지방의 민속무용을 말한다. 코블라(cobla)라고 불리는 악단의 반주에 맞춰, 여러 명의 남녀가 손을 잡고 원을 그리면서 춤을 춘다.

사육제(Carnival) 1982년 쇼반 데이비스(Siobhan Davies)가 발표한 작품. 인간의 유형을 카미유 생상스(Camille Saint-Saens)의 음악 〈동물의 사육제(Le Carnaval des Animaux)〉에 등장하는 동물들로 해석했다.

사티의 숟가락 세 개(Three Satie Spoons) 이본 레이너(Yvonne

Rainer)의 첫 번째 솔로 안무 작품. 그녀의 이 작품은 침묵 속에서 시작되지만 곧 경적 소리가 나기 시작하고, 그 다음 부터는 특별한 순서 없이 사람들이 대화하는 소리가 들린 다. 이것은 청각적인 사운드와 시각적인 움직임이라는 두 가지 서로 다른 행위가 동시에 일어날 수 있다는 것을 보여 준 실험이었다.

살로메의 환영(The Vision of Salome) 1906년 모드 앨런(Maud Allan)이 발표한 작품. 그녀의 대표작으로, 공연 초기에는 주인공이 나체에 가까운 의상을 입은 것과 세례 요한의 잘 린 머리에 입을 맞추는 장면 때문에 논란이 일기도 했으나 곧 관객들로부터 대단한 인기를 끌어 4년 동안 공연이 이 어졌다.

살바도르 달리(Salvador Dali) 1904년 출생, 1989년 사망. 스 페인 출신의 초현실주의 화가이다. 주요 작품으로 〈기억 의 지속(The Persistence of Memory)〉 등이 있다. 그 는 회화뿐만 아니라 영화와 가극을 비롯해 발레 의상과 무대장치에도 영향을 끼쳤는데, 레오니드 마신(Leonide Massine)이 안무한 〈바카날(Bacchanale)〉 등이 그런 작 품이다.

살바토레 비가노(Salvatore Vigano) 1769년 출생, 1821년 사망. 이탈리아 출신의 무용수 겸 안무가이다. 장 도베르발(Jean

Dauberval)에게 가르침을 받았으며, 이탈리아를 중심으로 프랑스와 영국 등에서 활동했다. 특히 이탈리아에서는 그로 인해 발레가 꽃을 피웠다는 평가가 뒤따를 정도이다. 또한 그는 일반적인 무용 양식에 무언극을 결합시켜 무용극이라는 장르를 확립하기도 했다. 주요 작품으로 〈프로메테우스의 창조물(Die Geschöpfe des Prometheus)〉과 〈오텔로(Otello)〉 등이 있다.

삼각모자(The Three Cornered Hat) 1919년 마누엘 데 파야(Manuel de Falla)의 음악에 레오니드 마신(Leonide Massine)이 안무를 맡은 발레 작품. 플라멩코를 비롯한 스페인 문화를 발레에 접목시킨 작품으로, 런던 알함브라극장에서 초연되었다.

삼부작 발레(Triadic Ballet) 1922년 오스카어 슐레머(Oskar Schlemmer)가 발표한 작품. 대표적인 추상무용 중 하나로, 세 가지 구성에 3명의 무용수가 등장한다. 전체적으로는 무용과 음악, 의상의 세 가지 요소가 하나로 어우러져 예술적 성과를 거두는 것을 지향한다.

새들러스웰스발레단(Sadler's Wells Ballet) 1931년 설립된 빅웰스발레단(The Vic-Wells Ballet)이 1940년부터 새롭게 얻게 된 명칭이다. 이것은 1957년 로열발레단이라는 지금의 이름으로 다시 바뀌었다.

샌프란시스코발레단(San Francisco Ballet) 1938년 윌리엄 크리스텐슨(William Christensen)이 예술감독이 되면서부터 독립된 단체로 정식 창단된 미국 최고(最古)의 발레단이다. 이듬해 미국 최초로 〈코펠리아(Coppélia)〉를 전막 공연했고, 1940년에는 〈백조의 호수(Swan Lake)〉 전막을 무대에 올렸다. 윌리엄뿐만 아니라 그의 동생인 하워드 크리스텐슨(Howard Christensen)과 루 크리스텐슨(Lew Christensen)도 샌프란시스코발레단의 발전에 초석을 놓았다.

샤를 디들로(Charles Didelot) 1767년 출생, 1837년 사망. 스웨덴 태생의 무용수 겸 안무가이다. 파리오페라극장무용학교에서 공부한 뒤, 1801년부터 10년간 상트페테르부르크발레단에서 안무가로 일했다. 그 후 러시아황실발레학교 교장을 역임하며 많은 제자들을 길러내 러시아 발레 발전에 중요한 역할을 했다. 19세기 초 러시아를 대표하는 문학가 알렉산드르 푸슈킨(Aleksandr Pushkin)은 디들로의 작품을 관람하고 나서 '가장 위대한 시의 이미지를 나타냈다.'며 극찬했다. 주요 작품으로 〈코카서스의 죄수들(The Prisoners of the Caucasus)〉 등이 있다.

샤콘(chaconne) 16세기 스페인에서 생겨난 춤곡 및 그에 맞춰 추는 춤을 말한다. 4분의 3박자의 느린 리듬이다. '차코나

(ciaccona)'라고도 한다.

석화(The Stone Flower)[1] 1957년 레오니드 라브로프스키
(Leonide Lavrovsky)가 안무한 3막 발레 작품. 러시아 우
랄 지역의 민요를 바탕으로 해서 만들었다. 세르게이 프
로코피예프(Sergei Prokofiev)의 음악을 사용했으며, 러
시아 볼쇼이발레단이 볼쇼이극장에서 초연했다. 석화
(The Stone Flower)[2] 1958년 유리 그리그로비치(Yuri
Grigrovich)가 세르게이 프로코피예프(Sergei Prokofiev)
의 음악으로 안무했다. 그리그로비치의 안무 재능이 한껏
발휘된 첫 번째 작품으로, 볼쇼이발레단이 키로프-마린스
키극장에서 초연했다.

선각자(Harbinger) 1967년 미국 출신의 무용수 겸 안무가 엘리
엇 펠드(Eliot Feld)가 처음 안무한 작품. 세르게이 프로
코피예프(Sergei Prokofiev)의 음악이 사용되었다. 재즈
(Jazz) 요소가 가미되는 등 현대적인 면모를 갖추면서 발
레의 특성을 잘 살린 작품으로 평가받는다. 작품 내용은 당
시 미국의 젊은 세대들이 느꼈던 다채로운 감정들을 표현
하고 있다.

선댄스(sun dance) 북아메리카 인디언 일부 부족의 의식으로,
들판에 기둥을 세우고 태양을 바라보며 춤을 춘다. 따라서
'태양을 바라보는 춤'과 '목마르는 춤'이라는 별칭을 갖고

있는데, 며칠에 걸쳐 이어지는 이 의식을 잘 견뎌내야 용사로 대접받게 되었다.

세기디야(seguidilla) 스페인 카스티야 지방의 민속무용. 볼레로보다 템포가 약간 빠른 3박자 리듬의 춤이다. 조르주 비제(Georges Bizet)의 오페라 〈카르멘(Carmen)〉 제1막에도 등장한다.

세레나데(serenade) 1934년 표트르 차이코프스키(Pyotr Tchaikovsky)의 현악4중주곡 세레나데 C장조에, 조지 발란신(George Balanchine)이 안무를 맡은 작품. 발란신이 미국으로 건너가서 처음 안무한 발레 작품이다.

세르게이 디아길레프(Sergei Diaghilev) 1872년 출생, 1929년 사망. 러시아 출신으로, 처음에는 음악과 미술 등에 관심을 보였으나 점차 발레에 빠져들어 무용사에 큰 업적을 남겼다. 그 중 가장 먼저 언급돼야 할 것은 발레뤼스(Ballets Russes)의 설립이다. 이 발레단을 1909년 프랑스 파리에서 창단한 디아길레프는 첫 번째 상임안무가로 미하엘 포킨(Michel Fokine)을 선임했다. 아울러 아름다움과 지적인 매력을 지닌 타마라 카르사비나(Tamara Karsavina)와 우아한 무용으로 드라마틱한 움직임을 표현해냈던 안나 파블로바(Anna Pavlova) 등 재능 있는 발레리나들과도 함께했다. 나중에는 바츨라프 니진스키(Vatslav Nizhinskii)

도 안무가로 참여했다. 발레뤼스의 공연은 이전의 발레와 여러모로 달랐다. 디아길레프는 판에 박힌 안무를 거부했고, 발레 무대에 여러 예술 장르의 통합을 시도했다. 그런 발레뤼스의 역사는 1929년까지 계속되면서 유럽 각지를 순회했고, 잇달아 뛰어난 작품들을 관객에게 선보였다. 디아길레프의 영향력이 워낙 막강했던 발레뤼스는 그의 죽음과 함께 해체되었지만, 그가 탄생시킨 숱한 작품들은 지금도 발레의 명작으로 평가받고 있다. 약 20년의 역사 동안 디아길레프의 발레뤼스가 무대에 올린 주요 작품으로는 〈페트루슈카(Petrushka)〉, 〈레 실피드(Les Sylphides)〉, 〈세헤라자데(Scheherazade)〉, 〈불새(The Firebird)〉, 〈하우스파티(House Party)〉 등이 있다.

세르게이 프로코피예프(Sergei Prokofiev) 1891년 출생, 1953년 사망. 우크라이나에서 태어난 러시아 작곡가이다. 오페라와 교향곡 작품 외에 7편의 발레 음악을 남겼다. 주요 작품으로 〈신데렐라(Cinderella)〉, 〈로미오와 줄리엣(Romeo and Juliet)〉, 〈방탕한 아들(The Prodigal Son)〉 등이 있다. 그에게 처음 발레 음악 작곡을 권유한 사람은 세르게이 디아길레프(Sergei Diaghilev)였다.

세르주 리파르(Serge Lifar) 1905년 출생, 1986년 사망. 러시아 태생의 프랑스 무용수이자 안무가이다. 발레뤼스(Ballets

Russes)에서 엔리코 체케티(Enrico Cecchetti)에게 무용을 배웠고, 조지 발란신(George Balanchine)의 여러 작품에서 주인공 역할을 훌륭히 소화해냈다. 그리고 1929년 발레 작품 〈여우(Le Renard)〉를 처음 안무했으며, 그해 수석무용수 겸 발레 감독으로 파리오페라발레단에 들어가 발레의 활성화에 힘썼다. 그 결과 침체 상태에 빠져 있던 파리오페라발레단은 재건되었고, 자신은 '춤의 대가'라는 칭호를 얻게 되었다. 리파르는 무용 자체의 중요성을 강조해 음악을 바탕으로 춤의 형태가 결정되어서는 안 된다고 주장했다. 아울러 그 때까지 관례와 달리 남성 무용수의 비중을 높여 주역을 맡기는 경우가 많았다. 주요 작품으로는 〈프로메테우스(Prométhée)〉, 〈승리자 다윗(David triomphant)〉, 〈환상(Les Mirages)〉 등이 있다. 그 밖에 〈베스트리스(Vestris)〉, 〈무용에 관한 명상(Reflexious sur la danse)〉 등의 책을 펴냈다.

세실 샤프(Cecil Sharp) 1859년 출생, 1924년 사망. 20세기 초 영국 민속무용 자료 수집에 많은 업적을 남겼다. 그는 민속무용에 관한 회보를 발행했으며, 사라져가는 민속무용을 발굴해 보존하는 데 힘썼다.

세헤라자데(Scheherazade) 1909년 세르게이 디아길레프 (Sergei Diaghilev)가 조직한 발레뤼스(Ballets Russes)의

파리 데뷔작이다. 림스키코르사코프(Rimskii-Korsakov)
의 음악에 미하엘 포킨(Michel Fokine)이 안무를 담당했
으며, 프랑스 파리오페라극장에서 초연되었다. 수준 높은
안무와 더불어 이국적이면서 화려한 무대 디자인으로 큰
인기를 끌었다. 림스키코르사코프의 음악은 〈천일야화(Alf
laylah wa laylah)〉에서 소재를 따온 것이다.

셰이커교도들(The Shakers) 1931년 도리스 험프리(Doris
Humphrey)가 안무한 작품. 원래 '셰이커교도'는 그리스도
교 프로테스탄티즘의 한 종파인데, 그녀는 이 작품을 통해
그들의 공동생활과 정화 의식을 묘사했다. 〈셰이커교도들
〉은 라바노테이션(Labanotation)으로 기록되어 있어 많은
무용단들이 여러 차례 공연했으며, 현대무용의 걸작 중 하
나로 평가받고 있다.

속기무용기록법(La Sténochorégraphie) 1852년 프랑스 출신의
아르튀르 생레옹(Arthur Saint-Léon)이 자기 나름으로
고안해낸 고유한 무용보(舞踊譜)를 기록한 책. 1970년대
에 무용기록법의 권위자인 앤 허치슨(Ann Hutchison) 등
에 의해 해독되어 생레옹과 배우자인 파니 체리토(Fanny
Cerrito)의 발레를 재연할 수 있게 되었다.

쇼반 데이비스(Siobhan Davies) 1950년 출생. 영국 출신의 현
대무용가 겸 안무가이다. 17살 때 런던컨템퍼러리댄스

시어터에 입단한 뒤, 1971년부터 안무를 시작했다. 마사 그레이엄(Martha Graham)과 머스 커닝엄(Merce Cunningham), 리처드 앨스턴(Richard Alston)의 영향을 받은 것으로 알려져 있다. 주요 작품은 〈뉴 갈릴레오(New Galileo)〉, 〈돌진(Rushes)〉, 〈사육제(Carnival)〉 등이다.

수녀들이여, 누가 잠들어 있는가(Nonnes, Qui Reposez) 1831년 공연된 오페라 〈악마 로베르(Robert le Diable)〉의 제3부에 등장하는 수녀들의 발레를 말한다. 하나의 완성된 작품으로 보기 어려운 면이 있으나, 낭만발레의 시초로 여겨진다. 마리 탈리오니(Marie Taglioni)가 주연인 수녀원장 역을 맡았다.

수잔 랭거(Susanne Langer) 1895년 출생, 1985년 사망. 미국의 무용미학자이며 철학자이다. 인간의 중요한 특성을 기호(symbol)의 사용으로 보았다. 한편 그녀는 무용에 관한 글에서 '무용수는 느낌을 표현하지만, 그것이 꼭 그 무용수가 느끼는 감정만 표현할 필요는 없다. 무용수의 몸짓은 가상적이며 환상적인 것이라 무용의 표현이 필수적으로 자기표현일 까닭은 없다는 뜻이다.'라고 주장했다.

수잔 패럴(Suzanne Farrell) 1945년 출생. 미국 출신의 발레리나이다. 조지 발란신(George Balanchine)의 특별한 관심 속에 성장해 뉴욕시티발레단의 주역 발레리나로 활동했다. 그녀의 재능과 탁월한 신체조건, 그리고 음악에 대한 남다른 감수성은 발란신의 안무에 새로운 상상력의 세계를 열어주었다. 사람들은 그녀의 빼어난 춤 솜씨에 뮤즈, 좀더 구체적으로는 '발란신의 뮤즈'라는 칭호를 붙여주었다. 주요 작품으로 〈집시(Tzigane)〉, 〈돈키호테(Don Quixote)〉, 〈G장조 중에서(In G Major)〉 등이 있다.

수트 엉 블랑(Suite en Blank) '하얀 모음곡'이라는 뜻. 1943년 세르주 리파(Serge Lifar)가 안무를 담당한 첫 번째 추상발레 작품. 에드워드 랄로(Edward Lalo)의 음악이 사용되었으며, 스위스 취리히에서 파리오페라극장발레단이 초연했다.

숙녀와 어릿광대(The Lady and the Fool) 1954년 남아프리카공화국 출신의 존 크랭코(John Cranko)가 안무한 작품. 주세페 베르디(Giuseppe Verdi)의 음악이 사용된 코믹 발레이다.

순간성(ephemerality) 무용의 특성 중 하나. 특히 20세기 이전의 무용에 관한 연구는 순간성이라는 특성 탓에 포괄적인 자료가 부족한 경우가 많다. 일반적으로 무용은 공연이 펼쳐지는 그 무대에서만 존재의 의의를 가졌던 것이다.

슈투트가르트발레단(Stuttgart Ballet) 1609년 독일 슈투트가르트에서 설립된 발레단. 장 조르주 노베르(Jean Georges

Noverre) 등 유명한 무용 예술가들이 안무와 감독을 맡았으며, 1961년부터 이 발레단을 감독한 존 크랭코(John Cranko)의 노력으로 국제적인 명성을 얻게 되었다. 그리고 오랫동안 〈로미오와 줄리엣(Romeo and Juliet)〉, 〈예프게니 오네긴(Evgenii Onegin)〉, 〈말괄량이 길들이기(The Taming of the Shrew)〉 같은 고전을 새롭게 해석하고 외국에서 뛰어난 무용수들을 발굴해 함께한 것도 발레단의 발전에 결정적인 도움이 되었다.

스네이크댄스(snake dance) 뱀의 동작을 모방하거나 살아 있는 뱀을 몸에 감고 추는 춤으로, 주술적인 성격을 띠는 경우가 많다. 아시아, 아프리카, 북아메리카 인디언 문화 등에서 사례를 찾아볼 수 있다.

스웨덴왕립발레단(Royal Swedish Ballet) 1773년 스웨덴 스톡홀름에서 설립된 발레단. 국왕 구스타프 3세가 만든 오페라단이 그 뿌리로, 프랑스 출신의 루이스 갈로디에(Louis Galodier)가 오페라단 소속의 무용단을 구성했다. 그 후 꾸준히 발전해오다가 19세기에는 침체를 벗어나지 못했는데, 20세기 들어 러시아 출신 안무가 미하일 포킨(Michel Fokine)과 조지 발란신(George Balanchine)의 지도를 받고 영국 로열발레단의 단원들을 받아들이면서 다시 국제적인 실력과 명성을 얻게 되었다.

스웨덴발레단(Ballets Suédois) 1920년 스웨덴 출신의 롤프 드 마레(Rolf de Mare)가 프랑스 파리에서 설립한 발레단. 당시 프랑스에서 성행하던 전위예술을 앞장서 이끌었던 대표적인 발레단 중 하나이다. 비록 1925년에 해산되어 아쉬움을 남겼지만, 그 때까지 장 콕토(Jean Cocteau) 등 다수의 전위예술가들이 참여해 여러 편의 진보적인 발레 작품을 상연했다.

스케이트 타는 사람들(Les Patineurs) 1937년 프레드릭 애쉬튼(Frederick Ashton)이 안무한 작품. 스케이트장에 모인 사람들의 흥겨움을 표현한 발레 작품으로, 마임과 무용 동작을 이용해 회전하고 미끄러지는 스케이팅 기술을 무대 위에 유쾌하게 재현해냈다. 콘스탄트 램버트(Constant Lambert)가 재구성한 메이어비어(Meyerbeer)의 음악이 사용되었으며, 영국 런던 세즐러즈웰즈극장에서 빅웰스발레단이 초연했다.

스티브 팩스톤(Steve Paxton) 1939년 출생. 미국의 현대무용가 겸 안무가이다. 마사 그레이엄(Martha Graham)과 머스 커닝엄(Merce Cunningham)의 영향을 받았으며, 머스커닝엄무용단 등에서 활동했다. 그는 기존 무용의 엘리트주의를 비판하며, 시시하게 보이는 일상생활의 움직임을 예술에 가장 적합한 요소로 보았던 사람들 중 하나이다. 주요 작품으로 〈만족한 연인(Satisfying Lover)〉, 〈영국인 (English)〉, 〈프락시(Proxy)〉 등이 있다.

스티븐 페트로니오(Stephen Petronio) 1956년 출생. 미국 출신의 현대무용가 겸 안무가이다. 스티브 팩스톤(Steve Paxton)에게 무용을 배운 뒤, 트리샤브라운무용단(Trisha Brown Company)에서 활동했다. 그의 무용은 자유로우면서도 치밀한 정확성을 갖췄다는 평을 듣는다. 주요 작품으로 〈워크인(Walk-in)〉 등이 있다.

스파르타쿠스(Spartacus) 1968년 유리 그리그로비치(Yuri Grigrovich)가 안무한 발레 작품. 로마 제국의 검투사 스파르타쿠스가 주도한 노예 반란을 바탕으로 이야기를 전개해 많은 인기를 끌었다. 아람 하탸투랸(Aram Khachaturian)이 음악을 담당했고, 러시아 모스크바의 볼쇼이극장에서 초연되었다.

시나리오(Scenario) 1971년 알윈 니콜라이(Alwin Nikolais)가 발표한 작품. 그의 작품 중 유일하게 무용수들이 목소리를 낸다. 거의 고함을 치거나 울음소리를 내는 것인데, 니콜라이는 동물원을 방문했을 때 이 작품에 대한 영감을 얻었다고 한다.

시릴 보몽(Cyril Beaumont) 1891년 출생, 1976년 사망. 발레 연구가이다. 저서 〈지젤이라고 부르는 발레(The Ballet

Called Giselle)〉를 펴내 발레 〈지젤(Giselle)〉의 탄생 배경부터 줄거리, 초연 당시의 무용수, 주요 장면, 안무, 음악 등에 대해 자세히 설명했다. 또한 그는 체케티 메소드(Cechetti method)에 관한 책을 출간하기도 했다.

신데렐라(Cinderella) 1948년 프레드릭 애쉬튼(Frederick Ashton)이 안무를 맡은 영국 최초의 창작 장편 발레 작품. 심술궂은 두 언니 사이에서 왕자와 사랑을 꽃피우는 신데렐라에 관한 샤를 페로(Charles Perrault)의 동화를 기초로 했다. 세르게이 프로코피예프(Sergei Prokofiev)의 음악이 사용되었고, 모이라 시어러(Moira Shearer) 주연으로 영국 런던 로열오페라하우스에서 새들러스웰스발레단이 초연했다.

실피드(sylphide) 1832년 〈라 실피드(La sylphide)〉가 성공적으로 초연된 후, 작품 속 헤어스타일과 의상을 비롯해 그 작품의 전체적인 분위기를 일컫는 용어로 쓰였다. 당시 〈실프(Sylph)〉와 〈실피드(Sylphide)〉라는 잡지도 출간되었다.

19세기의 발레 이 시기 발레는 자연스러운 표현력에 중점을 두었으며, 신화와 역사에서 차용한 주제들을 서술적인 극적 양식으로 세련되게 안무했다. 또한 작품 속에 자연의 정령과 요정이 자주 등장하고, 여성 무용수의 움직임을 한층 강조했다.

19세기 후반의 발레 유럽 각국에서 발레가 쇠퇴하던 시기이다. 하지만 이 때 러시아 발레가 홀로 전성기를 누리며 비약적인 발전을 이루었다. 그 같은 성공의 바탕에는 프랑스의 뛰어난 안무가와 발레 교사, 이탈리아의 일급 무용수들을 초빙하는 데 투자를 아끼지 않았던 열린 자세가 큰 영향을 끼쳤다. 러시아 발레 발전의 가장 큰 공로자로는 마리우스 쁘띠빠(Marius Petipa)와 엔리코 체케티(Enrico Cecchetti), 아그리피나 바가노바(Agrippina Vaganova) 등을 손꼽을 수 있다.

13세기~16세기의 발레 발레는 13세기 이탈리아 궁정 연회에서 그 역사가 시작되었다. 당시 널리 시행되던 무언극에 기하학적인 형태로 춤을 추는 당스 피귀레, 사교 댄스인 발레티, 무대 무용인 브란디와 모레스카 등이 뒤섞여 발레가 탄생했다. 그 후 발레는 16세기 들어 이탈리아 명문가 출신인 카테리나 데 메디치(Caterina de'Medici)가 앙리 2세와 결혼하면서 프랑스에 전파되었다.

16세기~17세기의 궁정무용 궁정무용은 코트댄스(court dance)를 말하는데 미뉴에트(minuet), 파반느(pavane), 쿠랑트(courante), 사라반드(sarabande), 지그(gigue) 등을 일컫는다. 무용 교사들은 귀족들에게 이런 춤을 가르쳤고,

파티와 무도회의 주요 레퍼토리가 되었다. 춤을 추는 목적은 다분히 오락적이었지만, 춤 자체는 일종의 무언의 언어로 작용해 귀족들의 품위와 교양을 상징했다. 그 시기 민중들은 포크댄스(folk dance) 등을 즐겼다.

17세기의 발레 루이 14세(Louis XIV)를 비롯한 프랑스 왕실의 적극적인 후원 속에 급속한 발전을 이루었다. 1661년 무용수 양성 기관인 왕립무용학교가 설립되었고, 삐루에뜨(pirouette)와 아띠뚜드(attitude) 같은 동작이 나타난 것이다. 이 시기는 국왕이 직접 발레 공연에 참여할 만큼 상류 사회에서 그 열기가 대단했다.

18세기의 발레 1700년 이후 발레는 사교무용과 다른 길을 걷게 되었다. 점점 고난이도의 기술 수준이 요구되어 전문가가 등장하고, 누구나 즐기는 무용에서 공연 무용으로 성격이 바뀐 것이다. 아울러 노래 없이 춤과 마임만으로 주제와 이야기를 전하게 되었으며, 발레 닥씨용(ballet d'action) 등 그 형태도 다양해졌다. 한편 1730년에는 프랑스 무용가 마리 카마르고(Marie Camargo)가 발뒤꿈치 없는 슈즈와 정강이 바로 아래 길이로 짧아진 스커트를 입고 공연에 등장했다. 그 목적은 발레 테크닉이 현저하게 발전하고 있음을 드러내 보이기 위한 것이었다.

씨우(xiu) 중국어로 '소매'를 뜻한다. 중국 무용의 씨우는 인도 무용에서 무드라를 사용하는 것과 같은 효과를 낸다. 즉 일부 장식적인 효과에 그치기는 하지만, 대부분 의사 전달 등 극적인 의미를 담고 있는 것이다.

ㅇ

아그리피나 바가노바(Agrippina Vaganova) 1879년 출생, 1951년 사망. 러시아 출신의 발레리나 겸 발레 교사이다. 러시아 황실발레학교를 졸업한 뒤 마린스키극장에서 활동하며 '바리아씨용(variation)의 여왕'이라는 호칭을 얻었다. 그녀의 도약과 발놀림이 매우 역동적이고 화려했기 때문이다. 또한 그녀는 발레 교사로서도 활발한 활동을 펼쳐 여러 유명 무용 학교에서 많은 제자들을 길러냈다. 특히 그녀의 교육법은 무용수의 등을 발달시켜 도약과 공중 기교에서 강점을 보이도록 했는데, 그런 특징을 바탕으로 섬세하고 정확성에 중점을 두는 바가노바 메소드(Vaganova method)가 창안됐다. 저서로는 〈고전무용의 기초(Fundamentals of the Classic Dance)〉와 〈아그리피나 야코블레브나 바가노바(Agrippina Yakovlevna Vaganova)〉가 있다.

아나스타시아(Anastasia) 1971년 케네스 맥밀런(Kenneth

Macmillan)이 안무한 발레 작품. 심리 묘사가 잘된 무용
극으로서, 실존 인물인 러시아의 마지막 황제 니콜라이 2
세의 딸 아나스타시아에 대한 이야기로 화제가 되었다. 표
트르 차이코프스키(Pyotr Tchaikovsky)와 부슬라프 마르
티누(Bohuslav Martinú)의 음악이 사용되었고, 영국 코
번트가든왕립오페라극장에서 로열발레단이 초연했다.

아델린 제네(Adeline Genée) 1878년 출생, 1970년 사망. 덴마크
출신의 무용수이자 무용 교사이다. 런던 엠파이어극장에서
발레리나로 활약했고, 영국왕립무용학교(Royal Academy
of Dancing) 설립에 기여해 초대 교장이 되었다.

아돌프 볼름(Adolf Bolm) 1884년 출생, 1951년 사망. 미국 출신
의 무용수 겸 안무가이다. 발레뤼스(Ballets Russes)를 시
작으로 발레인타임(Ballet Intime)에서 활동했다. 그 후 메
트로폴리탄오페라단과 시카고오페라단에서 안무를 담당했
으며, 샌프란시스코오페라단 예술감독을 역임했다. 주요
작품으로 아메리칸발레시어터(American Ballet Theater)
를 위해 만든 〈피터와 늑대(Peter and the Wolf)〉, 자신
의 파트너 루스 페이지(Ruth Page)를 위해 만든 〈공주의
생일(Birthday of the Infanta)〉 등이 있다.

아르튀르 생레옹(Arthur Saint-Léon) 1821년 출생, 1870년 사망.
프랑스 출신의 무용수 겸 안무가이다. 바이올린 연주에

도 재능이 있었다. 그는 일찍이 청소년 시절부터 무용수이자 바이올리니스트로 유럽 순회공연을 다니며 이름을 알렸다. 1847년 자신의 첫 안무 작품인 〈대리석 딸(La Fille de Marbre)〉을 발표했고, 이 작품의 성공 이후 자신이 직접 춤과 바이올린 연주를 맡은 〈악마의 바이올린(Le Violon du Diable)〉도 잇달아 안무했다. 그 뒤 파리오페라극장의 발레 안무가가 되고 나서 1870년에는 발레의 고전 〈코펠리아(Coppélia)〉를 무대에 올려 명성을 얻었다. 또한 자기 나름의 고유한 무용보(舞踊譜)를 고안해 〈속기무용기록법(La Sténochorégraphie)〉이라는 책을 쓰기도 했다. 그 밖의 주요 안무 작품으로 〈비방디에르(La Vivandiére)〉, 〈곱사등이 망아지(The Humpbacked Horse)〉 등이 있다. 그의 작품 중 여러 편은 배우자인 이탈리아 무용수 파니 체리토(Fanny Cerrito)를 위해 만든 것으로 알려져 있다.

아름다운 다뉴브강(La Beau Danube) 1924년 레오니드 마신(Leonide Massine)이 안무한 작품. 요한 슈트라우스(Johann Strauss)의 왈츠 음악이 사용되었다.

아메리칸댄스페스티벌(American Dance Festival) 1934년부터 마사 그레이엄(Martha Graham)과 한야 홀름(Hanya Holm) 등이 미국에서 함께 기획해 시작한 현대무용 축제이다. 해마다 6주간의 일정으로 공연과 수업을 겸해 열린다.

아메리칸발레시어터(American Ballet Theater) 1939년 미하일 모르드킨(Mikhail Mordkin)이 뉴욕에서 미국 역사상 두 번째로 설립한 발레단이다. 발레씨어터(Ballet Theater)라는 이름에서, 1957년 지금의 명칭으로 바뀌었다. 그동안 발레의 근대화에 많은 영향을 끼쳐왔으며, 영국의 로열발레단(The Royal Ballet) 및 프랑스의 파리오페라극장발레단(Paris L'Opéra Ballet) 등과 더불어 세계 최정상급 발레단의 하나로 손꼽힌다.

아메리칸발레학교(American Ballet) 1933년 무용평론가 링컨 커스틴(Lincoln Kirstein)이 파리에서 조지 발란신(George Balanchine)을 초빙해 설립했다. 커스틴은 이듬해 학생들을 대거 참여시켜 아메리칸발레단이라는 이름으로 공연을 가졌는데, 그 후 발레캐러밴(Ballet Caravan)과 발레소사이어티(Ballet Society) 등으로 명칭이 바뀌었다.

아서 미첼(Authur Mitchell) 1934년 출생. 미국의 흑인 무용수 겸 안무가이다. 뉴욕시티발레단에서 솔리스트로 활동했으며, 1969년 카렐 슈크(Karel Shook)와 함께 할렘무용단(Dance Theater of Harlem)을 창단했다.

아우레스쿠(aurresku) 스페인 북부 바스크 지방의 대표적인 민속무용. 화려하면서 선정적이고 대중적인 춤이다. 몸짓과 스텝이 격렬한 특징이 있다.

아이들의 유희(Jeux d´Enfants) 1932년 레오니드 마신(Leonide Massine)이 안무한 작품. 조르주 비제(Georges Bizet)의 음악이 사용되었고, 바실-발레뤼스드몬테카를로가 초연했다. 후안 미로(Joan Miro)가 만든 초현실주의적 무대에서 '살아나는 장난감'의 내용이 전개되었다.

아폴로(Apollp) 1928년 조지 발란신(George Balanchine)이 안무한 발레 작품. 이고리 스트라빈스키(Igor Stravinsky)의 음악을 사용했고, 프랑스 파리 사라베른하르트극장에서 초연되었다. 이 작품의 성공에는 러시아 출신으로 프랑스 발레 부활의 주역이었던 세르주 리파르(Serge Lifar)의 유려한 무용 실력이 큰 몫을 했다.

악마 로베르(Robert le Diable) 1831년 공연된 오페라로, 감독은 루이 베롱(Louis Véron)이었다. 제3부에 낭만발레의 시초로 여겨지는 〈수녀들이여, 누가 잠들어 있는가(Nonnes, Qui Reposez)〉라는 수녀들의 발레가 등장한다.

악마의 바이올린(Le Violon du Diable) 1849년 아르튀르 생레옹(Arthur Saint-Léon)이 안무한 작품. 생레옹은 이 작품에서 직접 춤과 바이올린 연주를 맡았다.

안나 소콜로(Anna Sokolow) 1910년 출생, 2000년 사망. 미국의 현대무용가 겸 안무가이다. 마사 그레이엄(Martha

Graham)과 루이스 호스트(Louis Host)에게 현대무용을 배운 뒤, 이십대 시절 내내 마사그레이엄무용단에서 무용수로 활약했다. 그 후 멕시코시티로 활동 무대를 옮겨 멕시코 최초의 현대무용단 라팔로마아줄(La Paloma Azul)을 창단했으며, 멕시코의 정서를 담은 작품들을 잇달아 창작했다. 그렇게 1960년대까지 많은 시간을 멕시코에서 보낸 소콜로는 1970년대 이후 주로 미국에서 생활하며 학생들을 가르치고 실험적인 작품들을 발표했다. 주요 작품으로 〈멕시칸 레타블로(Mexican Retablo)〉, 〈꿈(Dreams)〉, 〈말 없는 행동(Act Without Words)〉 등이 있다.

안나 이바노브나(Anna Ivanovna) 1693년 출생, 1740년 사망. 러시아의 여제(女帝). 재위 기간은 1730년~1740년이었다. 상트페테르부르크에 무용아카데미를 설립하고 프랑스인 랑데(Lande)를 교장으로 초빙해 서유럽 발레에 대한 지식과 경험을 전수하도록 했다. 무용이론가들은 이 시기부터 러시아에서 발레가 본격적으로 발전되기 시작했다고 본다.

안나 파블로바(Anna Pavlova) 1881년 출생, 1931년 사망. 러시아 출신의 발레리나이다. 러시아황실발레학교에서 공부한 뒤 마린스키극장에서 데뷔해, 1906년 마침내 프리마발레리나가 되었다. 당시 그녀는 우아한 무용으로 드라마틱한 움직임을 표현해낸다는 평가를 받았다. 1913년 이후에는 자신의 무용단을 조직해 세상을 떠날 때까지 세계 각국을 돌아다니며 공연을 펼쳤다.

안드레 에글레프스키(Andre Eglevsky) 1917년 출생, 1977년 사망. 러시아 출신의 무용수 겸 발레 교사이다. 발레뤼스드 몬테카를로와 뉴욕시티발레단에서 활동했다. 그 후 아메리칸발레학교에서 교사로 일했으며, 나중에는 자신의 발레 학교와 발레단을 설립했다. 주로 조지 발란신(George Balanchine)의 작품을 통해 무대에 올랐다.

안토니오 가데스(Antonio Gades) 1936년 출생, 2004년 사망. 스페인 출신의 무용수 겸 안무가이다. 플라멩코의 대가로 이탈리아가 주요 활동 무대였다. 1983년 집시들의 삶을 다룬 영화 〈카르멘(Carmen)〉을 통해, 플라멩코 등 한동안 침체되었던 스페인 춤의 부활을 시도했다. 또한 영국 출신의 무용수 겸 안무가 안톤 돌린(Anton Dolin) 등과 의기투합해 발레 작품을 공연하기도 했다.

안토니오 루이스 솔레르(Antonio Ruiz Soler) 1923년 출생. 스페인 출신의 무용가로, 발레부터 플라멩코까지 다양한 분야의 춤에 재능을 보였다. 특히 1960년대에는 플라멩코의 달인으로 인정받기도 했다.

안톤 돌린(Anton Dolin) 1904년 출생, 1984년 사망. 영국 출신의 무용수 겸 안무가이다. 17살의 나이로 발레뤼스(Ballets

Russes)에 들어가 브로니슬라바 니진스카(Bronislava Nijinska)가 안무한 작품에서 주역을 맡는 등 활발한 활동을 펼쳤다. 그 후 빅웰스발레단(The Vic-Wells Ballet)의 설립에 기여했고, 알리시아 마르코바(Alicia Markova)와 함께 마르코바돌린발레단을 조직하기도 했다. 또한 발레 씨어터(Ballet Theater)의 출범에도 깊숙이 관여해 미국의 발레 발전에 중요한 역할을 했다. 그의 무용단 설립은 그것으로 그치지 않고 마르코바와 힘을 모아 런던페스티벌발레단(London Festival Ballet)을 창단하는 것으로까지 이어졌다. 그는 평생 무용수로서 미하일 포킨(Michel Fokine)의 〈푸른 수염(Bluebeard)〉 같은 작품에서 주역을 맡았으며, 〈백조의 호수(Swan Lake)〉 등의 명작을 재안무하는 데도 많은 공을 들였다. 아울러 발레 작품 〈카프리치오소(Capriccioso)〉, 〈낭만 시대(The Romantic Age)〉 등을 창작하기도 했다. 〈디베르띠스망(Divertissement)〉과 〈알리시아 마르코바(Alicia Markova)〉를 비롯해 여러 권의 책도 펴냈다.

알렉산드라 다닐로바(Alexandra Danilova) 1903년 출생, 1997년 사망. 러시아 태생으로 미국에서 활동한 발레리나이다. 발레뤼스(Ballets Russes)와 발레뤼스드몬테카를로(Ballets Russes de Monte Carlo) 등에서 활약하며 주목받았다.

알렉산드르 고르스키(Alexander Gorskii) 1871년 출생, 1924년 사망. 러시아 출신의 무용수 겸 안무가이다. 키로프발레단과 볼쇼이발레단을 거치며 주역 무용수로 활약했다. 특히 볼쇼이발레단은 한동안 침체기를 겪다가 1900년 고르스키가 발레단 단장을 맡으면서 다시 부흥기를 맞았다. 이 시기 무대장치와 의상 등에 사실주의 기법이 도입되면서, 고르스키는 사실주의 발레의 개척자로 불리게 되었다. 또한 그는 꼬르 드 발레(corps de ballet)의 역할에 주목했으며, 극적인 내용 전개에도 관심이 많았다. 주요 작품으로 〈잠자는 숲 속의 미녀(The Sleeping Beauty)〉, 〈돈키호테(Don Quixote)〉 등이 있다.

알렉산드르 베노이스(Alexander Benois) 1870년 출생, 1960년 사망. 러시아 출신의 무대미술가이자 발레 대본 작가이다. 세르게이 디아길레프(Sergei Diaghilev)의 발레단이 공연한 〈레 실피드(Les Sylphides)〉, 〈지젤(Giselle)〉, 〈페트루슈카(Petrushka)〉 등에서 무대장치와 의상 디자인을 담당했다. 그 밖에도 몬테카를로러시아발레단이 공연한 〈호두까기 인형(The Nutcracker)〉과 런던페스티벌발레단의 〈졸업 무도회(Graduation Ball)〉 등의 웅장한 무대장치도 모두 그의 솜씨였다.

알리나 코조카루(Alina Cojocaru) 1981년 출생. 루마니아 출신의 발레리나이다. 키예프발레학교 등에서 수학한 뒤, 〈돈키호테(Don Quixote)〉의 큐피드 역으로 첫 무대에 올랐다. 그 후 로잔콩쿠르에서 그랑프리를 차지하고 로열발레단에서 연수를 받은 다음 키예프발레단에 입단했다. 그리고 1999년에는 로열발레단에 입단해 2001년 수석무용수의 자리에 올랐다. 요한 코보그(Johan Kobborg)와 자주 파트너를 이루었고, 2004년에는 브누아 드 라 당스(Benois de la Danse)에 선정되었다.

알리시아 마르코바(Alicia Markova) 1910년 출생. 영국 출신의 발레리나이다. 1925년 발레뤼스(Ballets Russes)에 들어가 발레단이 해체될 때까지 프리마발레리나로 활약했다. 그 후 램버트발레단과 로열발레단 등을 거치며 최고 수준의 발레 연기를 선보였다. 그녀의 춤은 경쾌하면서도 섬세한 것이 특징이다. 무엇보다 그녀는 〈지젤(Giselle)〉과 〈백조의 호수(Swan Lake)〉 전작 공연에서 주역을 맡은 최초의 영국 발레리나로 알려져 있다.

알리시아 알론소(Alicia Alonso) 1920년 출생. 쿠바 출신의 발레리나이다. 20년 이상 아메리칸발레시어터에서 활동했다. 고국에 자신의 이름을 내건 발레단을 창단하기도 했는데, 이것이 훗날 쿠바국립발레단이 되었다. 오늘날 알론소는 쿠바 무용계가 세계에 자랑하는 대표적인 발레리나로, 특

히 〈지젤(Giselle)〉에서 그녀가 보여준 모습은 매우 신비롭
고 자연스러워 최고라는 찬사가 아깝지 않을 정도였다. 그
밖에 〈주제와 변주곡(Theme and Variations)〉, 〈폴리버
이야기(Fall River Legend)〉 등에도 출연했다.

알망드(allemande) 독일풍의 무곡. 16세기 무렵 생겨났으며, 2
박자 계통의 느린 춤곡이다. 이에 맞춰 추는 춤은 파트너끼
리 손을 잡는 유일한 궁정 무용으로 팔의 움직임이 느리면
서도 우아한 특징이 있다.

알에이디(RAD) 영국왕립무용학교(Royal Academy of
Dancing)의 약칭. 1920년 설립되어, 1936년 지금의 명칭
으로 왕실의 인가를 받았다. 최고 수준의 세계적인 무용 교
육 기관이다.

알윈 니콜라이(Alwin Nikolais) 1910년 출생, 1993년 사망. 미국
출신의 안무가이다. 무성영화 반주자와 인형극 연출자로
일하다가 한야 홀름(Hanya Holm) 등에게 무용을 배웠다.
1939년에 안무를 시작했으나, 그가 안무가로서 주목받게
된 첫 작품은 〈마스크, 소품 그리고 모빌(Masks, Props
and Mobiles)〉이었다. 그는 이 작품에서 의상을 이용한
기발한 안무를 시도했는데, 어떤 장면에 의상으로 무용수
를 완전히 가리고 그 의상이 변하는 모습에서 무용수의 움
직임을 유추하도록 하는 식이었다. 그 후에도 그의 추상적

이며 실험적인 무용은 무용수의 움직임에 다양한 기술적 효과를 결합시켜 관습적인 기교와 기존 양식을 탈피하려고 노력했다. 주요 작품으로 〈만화경(Kaleidoscope)〉, 〈꼭두 각시(Guignol)〉, 〈시나리오(Scenario)〉 등이 있다.

암사슴(Les Biches) 1924년 브로니슬라바 니진스카 (Bronislava Nijinska)가 안무한 발레 작품. 암사슴은 소녀를 의미하며, 〈하우스파티(House Party)〉라는 작품명으로도 알려져 있다. 이 작품은 우아한 분위기 속에 공허한 삶에 대한 역설적인 비판을 담았다. 프랑시스 풀랑(Francis Poulenc)의 음악이 사용되었고, 모나코 몬테카를로오페라극장에서 세르게이 디아길레프(Sergei Diaghilev)의 발레뤼스가 초연했다.

압사라댄스(apsara dance) 캄보디아 크메르족의 전통무용이다. 캄보디아 황실 발레 또는 캄보디아 궁정 댄스로 알려져 있으며, 손동작이 복잡하고 화려한 특징이 있다. 유네스코 무형문화유산으로 지정되었다.

앙트르샤 까트르(entrchat quatre) 공중에서 발을 4번 교차시키는 동작을 말한다. 마리 카마르고(Marie Camargo)가 18세기에 이 동작을 처음 실행한 발레리나로 알려져 있다.

애그니스 데밀(Agnes de Mille) 1905년 출생, 1993년 사망. 미국 출신의 무용수 겸 안무가이다. 앤터니 튜더(Antony

Tudor)의 작품에서 주역을 맡는 등 활발히 활동하다가, 나중에는 현대무용을 공부했다. 대중문화를 모티브로 무용을 만들었고, 미국식 뮤지컬 코미디 작품도 다수 안무했다. 그가 안무한 주요 발레 작품에는 〈로데오(Rodeo)〉, 〈폴리버 이야기(Fall River Legend)〉 등이 있고 뮤지컬 안무 작품으로는 〈오클라호마(Oklahoma)〉, 〈회전목마(Carousel)〉, 〈신사는 금발을 좋아해(Gentleman Prefer Blondes)〉 등이 있다. 그 밖에 자서전 〈피리에 맞춰 춤을(Dance to the Piper)〉을 비롯해 〈무용에 관한 책(The Book of the Dance)〉 등 여러 권의 책을 펴냈다.

애팔레치아의 봄(Appalachian Spring) 1944년 마사 그레이엄 (Martha Graham)이 안무한 모던발레 작품. 에어런 코플랜드(Aaron Copland)의 음악이 사용되었다. 당시 현대무용에 대한 지식을 거의 갖고 있지 않던 일부 비평가들은 '무용수가 왜 바닥을 굴러다녀야 하는가? 그것은 선을 망가뜨린다.'라는 불만을 드러내기도 했다.

앤터니 튜더(Antony Tudor) 1908년 출생, 1987년 사망. 영국에서 태어난 미국 무용수 겸 안무가이다. 영국 빅웰스발레단(The Vic-Wells Ballet) 등에서 활동하다가, 1939년 미국으로 건너가 아메리칸발레시어터(American Ballet Theater)에 입단했다. 안무가로서 튜더는 연극적인 심리 발레로 명성을 얻었는데, 〈라일락 정원(Jardin aux Lilas)〉과 〈불기둥(Pillar of Fire)〉 등에서 인간의 다양한 심리 상태를 묘사했다. 그 밖에 주요 작품으로 〈역류(Undertow)〉, 〈후광(Nimbus)〉, 〈지는 잎새들(The Leaves are Fading)〉 등이 있다.

앨빈 에일리(Alvin Ailey) 1931년 출생, 1989년 사망. 미국 출신의 무용수 겸 안무가이다. 레스터 호튼(Lester Horton)과 만남을 계기로 무용의 길을 걷기 시작해, 1958년 자신의 이름을 내건 앨빈에일리아메리칸댄스시어터(Alvin Ailey American Dance Theater)를 설립했다. 이 무용단은 흑인 위주의 무용수들로 구성되어 모던댄스를 기반으로 한 공연을 펼쳤는데, 흑인 특유의 정서와 역동성으로 큰 호소력을 발휘했다. 에일리는 1965년 이후 안무에만 전념했으며, 자신의 작품세계를 대중음악과 뮤지컬까지 확장해 대중성을 높였다. 그의 사후 앨빈에일리아메리칸댄스시어터는 주디스 재미슨(Judith Jamison)에 의해 운영되고 있다. 〈계시(Revelations)〉, 〈블루스 모음곡(Blues Suite)〉, 〈절규(Cry)〉 등이 주요 작품이다.

앨빈에일리아메리칸댄스시어터(Alvin Ailey American Dance Theater) 1958년 앨빈 에일리(Alvin Ailey)가 설립한 무용단이다. 미국을 대표하는 흑인 무용단으로, 흑인 위주의 무용수들로 구성되어 모던댄스를 기반으로 한 공연을 펼친다. 흑인도 발레를 비롯한 예술무용을 할 수 있다는 사실을 공표했다는 데 중요한 의의가 있으며, 관객 동원력도 매우 뛰어나다.

야스민 고더(Yasmeen Godder) 1970년대 생 이스라엘 출신 안무가의 대표 주자. 어린 시절 뉴욕으로 이주해 뉴욕대학에서 무용을 전공했다. 1997년 자신의 무용단을 창단해 세계 각국에서 공연을 펼쳤으며, 2001년 발표작 〈오늘 나는 기분이 나빠져(Feel Funny Today)〉로 화제를 불러일으켰다. 그녀의 안무는 무용수의 움직임 자체에 주목하는 경향을 보인다.

에드워드 빌렐라(Edward Villella) 1936년 출생. 미국의 발레 무용수 겸 안무가이다. 뉴욕시티발레단의 대표적인 남성 무용수로, 파트리샤 맥브라이드(Patricia McBride)와 파트너를 이루어 많은 작품들을 공연했다. 주요 작품으로 조지 발란신(George Balanchine)의 〈방탕한 아들(The Prodigal Son)〉 등이 있다.

에릭 브룬(Erick Bruhn) 1928년 출생, 1986년 사망. 덴마크 출신의 무용수이다. 덴마크국립발레단, 로열발레단, 슈투트가르트발레단에서 활동했으며 스웨덴국립발레단과 캐나다국립발레단의 감독을 역임했다. 주요 작품으로 〈잠자

는 숲 속의 미녀(The Sleeping Beauty)〉, 〈백조의 호수
(Swan Lake)〉, 〈다프니와 클로에(Daphnis and Chloe)〉
등이 있다. 또한 발레 입문서 〈부르농빌과 발레 테크닉
(Bournonville and Ballet Technique)〉을 릴리언 무어
(Lillian Moore)와 함께 펴냈다.

에릭 사티(Erik Satie) 1866년 출생, 1925년 사망. 프랑
스 출신의 작곡가이다. 세르게이 디아길레프(Sergei
Diaghilev)와 교류하며 발레 음악에 관심을 가져, 장 콕
토(Jean Cocteau)의 대본에 자신이 곡을 붙인 〈퍼레이드
(Parade)〉를 발표했다.

에릭 호킨스(Erick Hawkins) 1909년 출생, 1994년 사망. 미국
출신의 현대무용가 겸 안무가이다. 마사그레이엄무용단에
서 남성다운 기교와 더불어 균형 · 불균형의 절묘한 혼합
을 선보였다. 또한 그의 안무 작품은 특이한 음악을 사용
하거나 무용수의 움직임으로 음악을 대신했으며 조작된 소
품을 이용하기도 했다. 아울러 무용수의 잔잔한 움직임을
강조하면서 주로 추상적인 작품을 창작했다. 주요 작품으
로 〈사기꾼 카요테(Trickster Cayote)〉, 〈죽음은 사냥꾼
(Death is a Hunter)〉 등이 있다.

에밀리 비고티니(Emilie Bigottini) 1784년 출생, 1858년 사망. 이
탈리아 혈통의 프랑스 무용수이다. 작품 해석력이 돋보였

으며, 정확하고 세련된 마임 연기를 선보였다.

에밀 자크달크로즈(Émile Jaques-Dalcroze) 1865년 출생, 1950
년 사망. 스위스 출신의 음악교사이자 작곡가이다. 신체
의 움직임을 통해 음악을 경험하고 학습하는 방식인 '유리
드믹스(eurythmics)'를 창안했다. 이것은 음악의 흐름과
신체 흐름의 연관성에서 출발한 음악 교육 방법인데, 20
세기 무용 발전에 적지 않은 영향을 끼쳤다. 이사도라 던
컨(Isadora Duncan), 미사 그레이엄(Martha Graham),
도리스 험프리(Doris Humphrey), 한야 홀름(Hanya
Holm), 폴 테일러(Paul Taylor) 등이 바로 유리드믹스의
영향을 받은 무용가들이다. 저서로 〈자크달크로즈 교육법
(Méthode Jaques-Dalcroze)〉 등이 있다.

에보니 콘체르토(Ebony Concerto) 1970년 존 크랭코(John
Cranko)가 안무한 작품. 이고리 스트라빈스키(Igor
Stravinsky)의 음악이 사용되었다.

에카테리나 막시모바(Yekaterina Maximova) 1939년 출생,
2009년 사망. 러시아의 탁월한 발레리나 중 한 사람이
다. 1958년 볼쇼이발레단에 입단해 〈호두까기 인형(The
Nutcracker)〉의 미샤 역을 시작으로 남편인 블라디미르
바실리예프(Vladimir Vasiliev)와 함께 1960~1970년대
러시아 발레를 이끌었다. 1973년에는 〈타임(time)〉 지가

'가장 뛰어난 러시아 예술가'로 선정했다.

엔리코 체케티(Enrico Cecchetti) 1850년 출생, 1928년 사망. 이탈리아 출신의 무용가이다. 체케티는 러시아황실무용학교와 발레뤼스(Ballets Russes)에서 많은 후배 무용가들을 키워냈다. 체케티의 발레 교수법을 일컬어 체케티 메소드(Cechetti method)라고 하는데, 고전발레의 다섯 가지 기본자세와 일곱 가지 기본동작으로 구성된 엄격한 훈련 과정을 제시하고 있다. 1922년 런던에서는 체케티협회가 설립되어 그 전통을 잇고 있다.

엘리엇 펠드(Eliot Feld) 1942년 출생. 미국 출신의 무용수 겸 안무가이다. 링컨 커스틴(Lincoln Kirstein)이 파리에서 조지 발란신(George Balanchine)을 초빙해 설립한 아메리칸발레학교(American Ballet)에서 교육받았으며, 1963년 아메리칸발레시어터(American Ballet Theater)에서 활동하던 중 첫 작품 〈선각자(Harbinger)〉를 안무했다. 그리고 1968년 아메리칸발레컴퍼니를 시작으로 엘리엇펠드발레단이라는 자신의 무용단을 조직해 국제적인 명성을 얻게 되었다. 주요 작품으로 〈간주곡(Intermezzo)〉, 〈자이브(Jive)〉, 〈마주르카(Mazurka)〉, 〈파피용(Papillon)〉, 〈그랜드캐니언(Grand Canon)〉 등이 있다.

엘리자베스 1세(Elizabeth I) 1533년 출생, 1603년 사망. 1558년

부터 1603년까지 재위했다. 이 시기 영국은 유럽의 열강으로 발돋움했으며, 무용 또한 한 차원 더 발전했다. 그것은 엘리자베스 여왕이 무용을 장려했기 때문인데, 그녀 역시 프랑스 고전무용인 볼타(volta) 등을 능숙하게 출 만큼 춤에 소질이 있었다.

여왕에 대한 경의(Homage to the Queen) 1953년 프레드릭 애쉬튼(Frederick Ashton)이 안무한 작품. 엘리자베스 2세 여왕의 즉위식을 기념해 만들었다. 말콤 아놀드(Malcolm Arnold)의 음악이 사용되었고, 영국 런던 코벤트가든에서 새들러스웰스로열발레단이 초연했다.

여우(Le Renard) 1929년 세르주 리파(Serge Lifar)가 처음 안무한 발레 작품. 이고리 스트라빈스키(Igor Stravinsky)가 음악을 맡았다.

역사적 관점의 무용 무용사(舞踊史)는 다른 역사 분야와 큰 차이점이 있다. 그것은 무용사의 경우 과거에 관련된 일반적인 것보다 현재의 것이 전제된다는 점이다. 무용 연구 방법론에 있어 무용사에 대한 이해는 매우 중요하다. 그 이유는 시간이 흐르면서 증식되고 번성하며 쇠락하고 변화하는 수많은 형태의 복잡한 인간 행위를 무용이 효과적으로 드러내기 때문이다.

영국 발레 발전의 후견인 1930년 카마르고소사이어티

(Camargo Society)가 설립되어 영국 발레 발전의 후견인 역할을 했다. 램버트발레단(Ballet Rambert)과 빅웰스발레단(The Vic-Wells Ballet)의 무용수와 안무가들을 적극 후원했으며, 프레드릭 애쉬튼(Frederick Ashton)과 니네뜨 드 발루아(Ninette de Valois) 등이 전막 공연 발레 대작을 만드는 데도 큰 도움을 주었던 것이다. 그 덕분에 많은 발레 명작들이 영국에서 공연되는 성과를 거두게 되었다.

영국왕립무용학교(Royal Academy of Dancing) 1920년 설립되어, 1936년 지금의 명칭으로 왕실의 인가를 받았다. 최고 수준의 세계적인 무용 교육 기관으로, 아델린 제네(Adeline Genée)가 초대 교장이었고 마고트 폰테인(Margot Fonteyn)이 그 뒤를 이었다. 약칭으로 '알에이디(RAD)'라고 한다.

영국인(English) 1963년 스티브 팩스톤(Steve Paxton)이 발표한 작품. 그는 시시하게 보이는 일상생활의 움직임을 예술에 가장 적합한 요소로 보았다. 그래서 이 작품에도 요리와 빨래를 하는 평범한 장면을 등장시킨다.

영국 현대무용 탄생의 뿌리 영국의 무용이론가 피터 브린슨(Peter Brinson)은 1991년 펴낸 자신의 책 〈교육으로서의 무용 : 국가 무용 문화의 탄생을 향해(Dance as

Education : Towards National Dance Culture)〉을 통해 루돌프 폰 라반(Rudolf von Laban)과 쿠르트 요스(Kurt Jooss)의 무용 학교 설립, 마사 그레이엄(Martha Graham)의 기법을 물려받은 런던현대무용학교(London Contemporary Dance School)의 설립, 머스 커닝엄(Merce Cunningham)과 스티브 팩스톤(Steve Paxton) 등을 통해 전수된 포스트모던 무용 기법이 영국 현대무용 탄생의 뿌리라고 말했다.

예감(Les Présages) 레오니드 마신(Leonide Massine)이 처음 선보인 교향곡 발레, 즉 심포니발레(symohonic ballet) 작품. 마신은 이것을 계기로 추상적인 무용을 진지한 음악에 맞춰 연기하는 유행을 일으켰으며, 그 같은 태도는 발레에 대한 새로운 기준을 확립하게 했다. 〈예감〉은 1933년 발표되었고, 차이코프스키(Tchaikovsky)의 〈제5번 교향곡(Fifth Symphony)〉이 사용되었다.

예카테리나 2세(Ekaterina II) 1729년 출생, 1796년 사망. 러시아의 여제(女帝)로, 재위 기간은 1762년~1796년이었다. 그녀의 재위 기간 중 발레는 러시아에서 그 지위를 확고히 했다. 이 시기에 장 조르주 노베르(Jean Georges Noverre)가 쓴 〈무용과 발레에 관한 편지(Letters on Dancing and Ballets)〉가 소개됐고, 이탈리아 안무가 가

스파로 앙지올리니(Gasparo Angiolini)도 러시아로 건너와 발레 발전을 도왔다.

예프게니 오네긴(Evgenii Onegin) 1965년 존 크랭코(John Cranko)가 안무를 맡아 슈투트가르트발레단이 초연한 3막 6장의 발레 작품. 알렉산드르 푸시킨(Aleksandr Pushkin)의 소설 〈예프게니 오네긴(Evgenii Onegin)〉을 바탕으로 한 낭만적인 내용의 발레 작품으로, 표트르 차이코프스키(Pyotr Tchaikovsky)의 음악이 사용되었다.

오귀스트 베스트리스(Auguste Vestris) 1760년 출생, 1842년 사망. 프랑스 출신의 무용수이자 무용 교사이다. 이탈리아 출신의 무용가로 '무용의 신'으로 불렸던 가에타노 베스트리스(Gateno Vestris)가 아버지이다. 장 조르주 노베르(Jean Georges Noverre)의 제자이며, 파리오페라극장 제1무용수로 30년 이상 활약했다.

오노 가즈오(大野一雄) 1906년 출생, 2010년 사망. 히지카타 다쓰미(土方選)와 더불어, 일본의 전통 예술인 노[能]와 가부키[歌舞伎]가 서양의 현대무용과 만나 탄생한 부토[舞踏]의 창시자 중 한 사람이다. 부토는 무용수들의 얼굴을 하얗게 칠해 몰개성을 나타내며, 주로 죽음이란 주제를 다룬다.

오르케조그라피(Orchésographie) 프랑스 최초의 발레 테크닉 교본. 1588년 트와노 아르보(Thoinot Arbeau)가 출간했다.

오리엔탈댄스(oriental dance) 중동과 아프리카 북부 등 이슬람 문화권에서 추는 '배꼽춤'으로, 몸통과 허리를 비틀거나 흔드는 형태이다. 벨리댄스(belly dance) 또는 락스 알 샤르키(raqs al sharqi)라고도 한다.

오리지널발레뤼스(Original Ballets Russes) 1932년 바실리 드 바실(Wasily de Basil)이 창단한 발레뤼스드몬테카를로(Ballets Russes de Monte Carlo)의 개명된 명칭이다. 이 발레단은 단기간에 최고 수준으로 성장했지만, 단원들의 이합집산 등 우여곡절을 겪다가 설립 8년 만에 이름을 바꾸었다.

오스카어 슐레머(Oskar Schlemmer) 1888년 출생, 1943년 사망. 독일 출신의 무용 안무가이자 미술가이다. 추상 예술에 일가견이 있어, 추상무용 작품 〈삼부작 발레(Triadic Ballet)〉 등을 창작했다. 슐레머는 무용을 비롯한 예술에서 형식과 법칙을 중시했고, 세상의 모순과 부조리와 불안을 유머러스한 유희의 형식으로 표현했다. 그는 기계의 힘과 정확성에서 무용의 아이디어를 따오곤 했던 것으로 알려져 있다. 그 밖의 주요 작품으로 〈막대춤(Pole Dance)〉 등이 있다.

오클라호마(Oklahoma) 1943년 애그니스 데밀(Agnes de Mille)이 안무한 브로드웨이 뮤지컬 작품. 미국 무대 공연 사상 처음으로 춤이 줄거리를 전개시키는 수단으로 사용되었다.

오페라발레(Opera Ballet)의 탄생 1681년 이탈리아의 장 밥티스트 륄리(Jean Baptiste Lully)에 의해 오페라발레가 탄생됐다. 이것은 노래와 무용이 있는 장면들을 결합한 발레를 의미하지만, 무용은 단순히 노래에 따라 안무되어 주도적으로 공연을 이끌어가지는 못했다.

오하드 나하린(Ohad Naharin) 1952년 출생. 이스라엘 출신의 무용수 겸 안무가이다. 22살의 늦은 나이에 무용을 시작했지만, 무용수와 안무가로서 탁월한 재능을 발휘했다. 특히 네덜란드댄스씨어터(Nederland Dans Theater)의 안무가를 거쳐 바체바무용단(Batsheva Dance Company)의 예술감독을 역임했는데, 그의 손길이 닿는 곳마다 세계적인 명성을 얻게 되었다. 그의 안무는 항상 파격적이며 극단의 감각을 불사르는 역동적인 동작을 펼쳐 보인다.

옥스퍼드발레사전(The Concise Oxford Dictionary of Ballet) 영국 옥스퍼드대학 출판부에서 발행했던 사전이다. 지금은 '옥스퍼드무용사전(The Oxford Dictionary of Dance)'이라는 타이틀로 간행되고 있으며, 정기적으로 그 내용을 보강하고 있다.

온딘(Ondine) 1958년 프레드릭 애쉬튼(Frederick Ashton)이 안무를 담당한 3막 5장의 발레 작품이다. 독일 작곡가 한스 베르너 헨체(Hans Werner Henze)가 음악을 담당했다. 이미 여러 차례 발레 작품으로 만들어졌는데, 애쉬튼은 마고트 폰테인(Margot Fonteyn)을 등장시킨다는 전제하에 이 작품을 안무했다. 1959년에는 영화화되어 폰테인의 춤이 필름 속에 보존되게 되었다. 한 청년을 사랑하게 된 물의 요정 온딘의 로맨틱한 이야기가 작품의 줄거리이다.

올가 프레오브라젠스카야(Olga Preobrazhenskaya) 1871년 출생, 1962년 사망. 러시아 출신의 무용수 겸 무용교사이다. 마린스키극장에서 25년간 활동하며 700편 이상의 작품에 참여했다. 특히 〈코펠리아(Coppélia)〉, 〈호두까기 인형(The Nutcracker)〉, 〈말괄량이 딸(La Fille Mal Gardée)〉 등에서 주역을 맡아 정확한 기교를 선보였다. 그 후 프랑스 파리에 교습소를 설립해 많은 제자를 길러내며 최고의 무용교사라는 찬사를 듣기도 했다.

왈츠(waltz)의 시대 19세기 낭만주의 시대가 도래하면서, 독일과 오스트리아에서부터 왈츠가 유행하기 시작했다. 특히 빈은 왈츠의 도시라고 불렸는데, 그 열기가 금세 국경을 넘어 유럽 각국으로 전파되었다. 왈츠란 4분의 3박자의 경쾌한 춤곡, 또는 그 음악에 맞춰 남녀가 한 쌍이 되어 원을 그리며 추는 춤을 말한다.

왕비의 발레 코미크(Ballet Comique de la Reine) 최초의 발레 작

품. 1581년 프랑스 파리의 앙리 3세 궁정에서 상연되었는데, 왕가의 결혼식 축하연으로 준비된 작품이었다.

외통수(Chekmate) 1937년 니네뜨 드 발루아(Ninette de Valois)가 안무한 작품. 아서 블리스(Arthur Bliss)가 대본과 음악을 담당했다. 체스 경기를 배경으로 하여 죽음과 사랑의 대결을 이야기한다.

요한 코보그(Johan Kobborg) 1972년 출생. 덴마크 출신의 무용수이다. 덴마크왕립발레학교에서 수학했으며, 졸업 후 덴마크왕립발레단에 입단해 수석무용수의 자리에 올랐다. 이후 1999년부터는 로열발레단에 수석무용수로 입단해 많은 작품에서 주역으로 활동했다. 특히 그의 파트너인 알리나 코조카루(Alina Cojocaru)와 함께 하는 무대는 관객들로부터 큰 박수를 받고 있다.

욥(Job) 1931년 아일랜드 출신의 니네뜨 드 발루아(Ninette de Valois)가 안무한 작품. 보건 윌리엄스(Vaughan Williams)의 음악이 사용되었다. 욥은 구약성서 '욥기'의 주인공으로, 가혹한 시련을 견디고 믿음을 굳게 지켜낸 인물이다. 마임적 연극의 성격이 강한 작품이다.

우다이 샹카르(Uday Shankar) 1902년 출생, 1977년 사망. 인도 출신의 무용가이다. 안나 파블로바(Anna Pavlova)의 권유로 무용의 길에 들어서게 되었다. 인도의 근대무용 창시자로 알려져 있다. 〈인도의 결혼(Hindu Wedding)〉 등을 안무했고, 1931년 이후 미국에서 여러 차례 순회공연을 펼치는 한편 고국에서도 많은 제자들을 길러냈다.

우리는 달린다(We Shall Run) 여성의 몸을 상품화하는 것을 비판한 이본 레이너(Yvonne Rainer)의 생각이 잘 표현된 작품. 그녀는 이 작품을 통해 무용수가 육체를 과시하는 것을 최소화하면서 편안함 옷차림으로 실용성을 강조했다. 1963년에 발표된 작품이다.

우연에 의한 스튜(Suite by Chance) 머스 커닝엄(Merce Cunningham)이 처음으로 작품 전체를 우연기법(chance technique)으로 안무했다. 1953년 발표되었으며, 동전던지기를 통해 움직임의 순서를 정했다.

우연에 의한 조곡(Suite by Chance) 1952년 머스 커닝엄(Merce Cunningham)이 우연기법(chance technique)으로 안무한 작품. 최초로 전자음악을 사용해 공연한 현대무용 작품이라고 알려져 있다.

우울한 비가(Dark Elegies) 1937년 앤터니 튜더(Antony Tudor)가 안무한 작품. 구스타프 말러(Gustav Mahler)의 음악이 사용되었고, 영국 런던에서 램버트발레단이 초연했다. 튜더는 말러의 음악 전개에 따라 뜻밖의 비극으로 아이를 잃은 사람들의 슬픔과 그 시련을 받아들일 수밖에 없는 체념의 현실을 절묘하게 표현했다. 특별한 줄거리 묘사 없이 우울한 음악을 비롯해 어두운 이미지의 의상과 배경, 무용수들의 장엄한 움직임 등으로 그런 주제를 연출해낸 것이다.

움직임의 드라마(Drama of Motion) 1930년 도리스 험프리(Doris Humphrey)가 발표한 작품. 험프리는 이 작품에서 당시 현대무용수들이 감정표현 및 자기표현을 목적으로 하는 것과 대조되는 무용을 추구했다. 음악을 중단하고, 무용의 형식적인 본질 요소를 무용 자체의 주제로 파고들었던 것이다.

워터 스터디(Water Study) 1928년 도리스 험프리(Doris Humphrey)가 발표한 작품. 험프리는 이 작품에서 단지 신체의 움직임만으로 물에 대한 연구라는 주제 의식을 정확하게 표현했다. 안무의 주제를 표현하기 위해 음악이나 의상, 무대장치 같은 다른 요소를 일절 사용하지 않았던 것이다.

월터 고어(Walter Gore) 1910년 출생, 1979년 사망. 스코틀랜드 출신의 무용수 겸 안무가이다. 주요 작품으로 〈어둠을 먹는 사람들(Eaters of Darkness)〉, 〈스트리트 게임(Street Games)〉 등이 있다.

위대한 발레 작품 이야기(New Complete Stories of the Great Ballets) 1968년 조지 발란신(George Balanchine)이 펴낸 책. 그

는 이 책에서 이고리 스트라빈스키(Igor Stravinsky)의 음악을 극찬했다.

윌리엄 달러(William Dollar) 1907년 출생, 1986년 사망. 미국 출신의 무용수 겸 안무가이다. 아메리칸발레단, 몬테카를로 발레단 등에서 활동했다. 주요 안무 작품으로 〈결투(The Duel)〉가 있는데, 이것은 1500년대의 시인 토르쿠아토 타소(Torquato Tasso)의 〈다시 가 본 예루살렘(Jerusalem Revisited)〉을 각색하여 만든 것이다. 그 밖의 작품으로 〈전투(Le Combat)〉 등이 있다.

윌리엄 크리스텐슨(William Christensen) 1902년 출생, 2001년 사망. 미국의 발레 무용수 겸 안무가이다. 1938년 샌프란시스코발레단(San Francisco Ballet)을 창단했고 이듬해 미국 최초로 〈코펠리아(Coppélia)〉, 1940년 〈백조의 호수(Swan Lake)〉, 1944년에는 〈호두까기 인형(The Nutcracker)〉을 전막 공연했다.

윌리엄 포사이드(William Forsythe) 1949년 출생. 미국의 현대무용가이며 안무가이다. 독일 슈투트가르트발레단(Stuttgart Ballet)에서 활약했고, 〈오르페우스(Orpheus)〉 등의 작품을 안무했다. 그의 작품은 실험성이 강한 초현실주의적 특성을 보이는데, 신체 각 부위가 독립적으로 움직이는 형태를 추구한 것을 그 예로 들 수 있다.

그것은 무용수의 신체가 하나의 선으로 자연스럽게 움직여
야 한다는 기존의 생각을 거스르는 것이었다. 〈안녕이라고
말해(Say Bye Bye)〉, 〈가공품(Artifact)〉 등의 작품이 있
다.

유니스(Eunice) 1907년 미하일 포킨(Michel Fokine)이 안무
한 작품. 클래시발레의 전통과 이사도라 던컨(Isadora
Duncan)의 그리스풍 무용이 적절히 결합된 작품으로, 무
용수들이 그리스식 의상을 입고 맨발로 춤을 추었다.

유니온 퍼시픽(Union Pacific) 1934년 레오니드 마신(Leonide
Massine)이 안무한 작품. 니콜라스 나보코프(Nicholas
Nabokov)의 음악이 사용되었고, 데이비드 리신(David
Lichine) 등이 무대에 올랐다. 미국적 발레를 창작하려는
마신의 첫 시도였으나, 미국의 정신을 표현하는 데 큰 성과
를 거두지는 못했다.

유령이 나오는 무도장(The Haunted Ballroom) 1934년 니네뜨 드
발루아(Ninette de Valois)가 안무한 작품. 조프리 토이
(Geoffrey Toye)가 대본과 음악을 담당했다. 스코틀랜드
의 낡은 성을 배경으로, 유령들의 술수 때문에 죽을 때까지
춤을 춰야 하는 운명의 인간이 등장한다.

유령, 춤추다(Ghost Dance) 1981년 영국 출신의 무용수 겸 안무
가 크리스토퍼 브루스(Christopher Bruce)가 발표한 작

품. 그는 종종 정치적이고 사회적인 주제를 다루었는데, 이 작품은 억압에 시달리는 남미의 민중들에게 바치는 것이었다. 해골 가면을 쓴 무용수들이 등장해 독무와 다양한 집단무를 춘다.

유리 그리그로비치(Yuri Grigrovich) 1927년 출생. 러시아 출신의 무용수 겸 안무가이다. 레닌그라드발레단에서 솔리스트로 활약했고, 1956년 안무가로 데뷔해 〈석화(The Stone Flower)〉를 새롭게 해석했다. 그 후 1964년에는 볼쇼이극장 수석안무가가 되어 〈잠자는 숲 속의 미녀(The Sleeping Beauty)〉, 〈라 바야데르(La Bayadére)〉 등 고전발레 작품들을 개성적인 시각으로 다시 무대에 올렸다. 주요 작품으로 〈석화(The Stone Flower)〉, 〈스파르타쿠스(Spartacus)〉 등이 있다.

유리드믹스(eurythmics) 스위스 출신의 음악교사이자 작곡가 에밀 자크달크로즈(Émile Jaques-Dalcroze)가 창안한 것으로, 조화로운 신체 동작을 추구하는 예술적 표현의 한 형식이다. 신체의 움직임을 통해 음악을 경험하고 학습하는 것인데, 음악의 흐름과 신체 흐름의 연관성에서 출발한 음악 교육 방법으로 20세기 무용 발전에 많은 영향을 끼쳤다.

유진 로링(Eugene Loring) 1914년 출생, 1982년 사망. 미국의 무용수 겸 안무가이다. 1938년 링컨커스틴발레단 소속으로 발표한 〈빌리 더 키드(Billy the Kid)〉로 널리 이름을 알렸다. 1942년에는 지금의 아메리칸발레시어터(American Ballet Theater)로 성장한 발레씨어터(Ballet Theater)의 창단에 참여해 대화가 있는 발레극을 공연했다. 그 후 〈재미있는 얼굴(Funny Face)〉 등 몇몇 할리우드 영화 작품의 안무에 관여했고, 캘리포니아대학 무용과에서 학생들을 가르치기도 했다.

유행의 비극(A Tragedy of Fashion) 1926년 프레드릭 애쉬튼(Frederick Ashton)이 안무한 작품. 그가 처음 안무한 발레 작품으로, 램버트발레단이 상연했다.

음(Mmm) 1992년 미첼 클락(Michael Clark)이 발표한 작품. 1913년 이고리 스트라빈스키(Igor Stravinsky)의 음악에 바츨라프 니진스키(Vatslav Nizhinskii)가 대본과 안무를 담당한 〈봄의 제전(Le Sacre du Printemps)〉을 각색한 것이다.

음악과 무대장치 없는 무용 초기 발레는 아름다운 의상과 무대장치로 관객들을 매료시켰다. 하지만 시간이 흐르면서 적지 않은 변화가 생겼다. 이를테면 1928년 발표된 〈워터 스터디(Water Study)〉를 예로 들 수 있는데, 이 작품은 안무가인 도리스 험프리(Doris Humphrey)가 자신의 안무 주제를 표현하기 위해 음악이나 의상, 무대장치 같은 다른 요소를 일절 사용하지 않았다. 단지 신체의 움직임만으로 물에 대한 연구라는 주제 의식을 정확하게 표현했던 것이다.

의도적 자료 역사학자 아서 마윅(Arthur Marwick)이 '비의도적 자료'와 함께 역사 연구에 관한 자료를 분류한 기준이다. 이것은 자료의 출원자가 그 정보를 전달하기 위해 의도적으로 공개한 1차 자료를 의미한다. 이 기준은 무용 역사 자료를 이해하는 데도 도움이 되며, 그 사례는 무용사에 무수히 많다.

이고르 모이세예프(Igor Moiseyev) 1906년 출생, 2007년 사망. 러시아의 무용수 겸 안무가이다. 볼쇼이발레단의 대표 무용수로 활약하다가 그 곳을 나온 뒤 자신만의 독창적인 무용 세계를 확립해갔다. 1937년 모이세예프발레단(Moiseyev Ballet)을 창단해 소비에트연방 시절 소수 민족들의 음악과 문화, 전통 등이 어우러진 실험적인 무용 작품들을 선보였다. 그의 발레단은 볼쇼이발레단보다 앞서 해외 공연을 펼쳐 러시아 문화를 전 세계에 전파하는 한편, 당시 냉전 시대의 정점에서 구소련과 서방 세계의 친교에도 일조했다.

이고르 유스케비치(Igor Youskevitch) 1912년 출생, 1994년 사망. 우크라이나에서 태어난 발레리노이다. 20살의 늦은 나이에 발레를 배우기 시작해, 22살 때 프로 무대에 데뷔했다.

우아하고 서정적이며 품위 있는 동작으로 주목받았던 그는 〈지젤(Giselle)〉에서 알브레히트 역을 맡으면서 본격적으로 이름을 알렸다. 발레뤼스, 발레뤼스드몬테카를로, 발레 씨어터 등에서 활동했다. 주요 작품으로 〈적과 흑(Rouge et Noir)〉, 〈뉴요커(The New Yorker)〉 등이 있다.

이고리 스트라빈스키(Igor Stravinsky) 1882년 출생, 1971년 사망. 러시아 태생의 미국 작곡가이다. 발레 작품 〈봄의 제전 (Le Sacre du Printemps)〉, 〈결혼(Les Noces)〉, 〈불새 (The Firebird Suite)〉, 〈페트루슈카(Petrushka)〉, 〈아폴로(Apollp)〉 등에 그의 음악이 사용되었다. 1945년 미국으로 망명해 귀화했으며, 말년에는 종교음악에 관심을 보였다. 저서로 〈내 삶의 연대기(Chronicle of My Life)〉 등이 있다.

이그나시오 산체스 메히아스에게 보내는 애가(Lament for Ignacio Sanchez Mejias) 1946년 도리스 험프리(Doris Humphrey)가 발표한 작품. 투우사의 죽음을 애도한 페데리코 가르시아 로르카(Federico Garcia Lorca)의 시를 바탕으로 만들었고, 노먼 로이드(Norman Lloyd)의 음악이 사용되었다. 이그나시오 역을 맡은 호세 리몽(José Limón)이 험프리의 의도를 잘 이해하고 적극적으로 참여해 작품이 한결 돋보이게 되었다.

이다 루빈슈타인(Ida Rubinstein) 1885년 출생, 1960년 사망. 미하일 포킨(Michel Fokine)에게 발레를 배웠으며, 데뷔작 〈살로메(Salome)〉에서 누드로 춤을 추는 등 파격적이고 전위적인 무대를 선보였다. 주로 발레뤼스(Ballets Russes)에서 활동했으나 한때 자신의 발레단을 창단하기도 했다. 주요 작품으로 〈세헤라자데(Scheherazade)〉 등이 있다.

이리나 바로노바(Irina Baronova) 1919년 출생, 2008년 사망. 러시아 출신의 발레리나이다. 올가 프레오브라젠스카야(Olga Preobrazhenskaya)에게 무용을 배운 뒤, 13살 때 발레뤼스몬테카를로에 입단했다. 주요 작품으로 〈예감(Les Présages)〉, 〈아이들의 유희(Jeux d´Enfants)〉 등이 있다.

이반 내기(Ivan Nagy) 1943년 출생. 헝가리 출신의 무용수이자 안무가이다. 워싱턴국립발레단과 뉴욕시티발레단, 아메리카발레시어터 등에서 활동했다. 그 후 산티아고발레단과 신시내티발레단에서 예술감독을 역임했다. 주요 출연 작품으로 〈강(The River)〉 등이 있다.

이본 레이너(Yvonne Rainer) 1934년 출생. 미국 출신의 현대무용가 겸 안무가이다. 저드슨무용단(The Jurdson Dance Theatre)의 주축으로 활약했으며, 즉흥 무용단인 그랜드

유니언(Grand Union)을 결성하기도 했다. 그녀는 여성의 육체가 상품화되는 것을 비판하면서 평상복 차림으로 무대에 올랐고, 베트남전쟁을 반대하는 등 정치적인 메시지를 작품에 담기도 했다. 주요 작품으로 〈우리는 달린다(We Shall Run)〉, 〈트리오 A(Trio A)〉, 〈사티의 숟가락 세 개(Three Satie Spoons)〉 등이 있다. 아울러 〈작품 1961-73(Work 1961-73)〉라는 책을 펴냈다.

이사도라 던컨(Isadora Duncan) 1877년 출생, 1927년 사망. 미국 출신의 현대무용가이다. 전통 발레처럼 엄격한 형식과 현란한 기술에 의존하는 무용에 반발하며 자유롭고 개성적인 표현력을 강조한 현대무용의 개척자로 손꼽힌다. 그녀로 말미암아 창작무용이 예술의 차원으로 인정받았으며, 무용의 대상이 될 수 없다고 여겨지던 것들에 대한 고정관념이 해체되었다. 그녀의 자유로운 춤사위는 발레에 익숙해 있던 관객들에게 충격적으로 받아들여졌고, 미국을 비롯해 러시아와 독일 등 유럽 각국의 무용수들에게 신선한 자극을 주었다. 던컨이 안무한 현대무용 작품들에서는 많은 무용수들이 신발을 신지 않고 출연하고는 했는데, 당시 사람들은 이와 같은 새로운 무용 형식을 맨발무용(barefoot dance)이라고 불렀다. 무엇보다 영혼의 영감을 중요시했던 그녀는 무용수가 영혼의 자양분을 충분히 공급

받을 경우 신체의 동작은 저절로 이루어진다고 말했다. 또한 음악의 중요성을 인식해, 음악을 집중해서 들으면 자연스러운 움직임을 만들 수 있는 영감을 느끼게 된다고 말했다. 즉 음악의 내면에 깃든 깊은 소리를 찾아내면 완벽히 균형 잡힌 예술적인 움직임을 구현할 수 있다고 보았던 것이다. 다만 그녀는 무용이 단순히 음악을 모방해서는 안 되고, 음악을 이상화시킨 다음 자연스럽게 무용에 녹아나게 해야 된다고 덧붙였다.

이상한 과일(Strange Fruit) 1945년 흑인 안무가 펄 프리머스(Pearl Primus)가 발표한 작품. 루이스 알란(Lewis Allan)의 시를 바탕으로 창작했으며, 흑인들에 대한 린치를 주요 내용으로 다루고 있다.

이스라엘발레단(The Israel Ballet) 1968년 창단된 이스라엘 무용단. 구소련에서 이주해온 발레 무용수들을 중심으로 창단된 이스라엘 유일의 고전발레 무용단이다.

이스라엘의 현대무용 이스라엘에는 1920년대 예술의 개념으로 무용이 소개되었고, 1948년 건국을 기점으로 수준 높은 무용단들이 만들어지기 시작했다. 그것은 이스라엘에 이주해 정착한 무용 교육자들과 미국과 유럽에서 새로운 무용을 배우고 돌아온 무용 인재들 덕분이었다. 그리고 이제 이스라엘 현대무용은 바체바무용단(Batsheva Dance

Company) 등을 통해 세계무대에서 인정받는 최고의 국가 브랜드가 되었다. 그들은 가장 혁신적이며, 지금까지와 다른 형태의 현대무용을 선보이고 있는 것이다.

이시이 바쿠(石井漠) 1887년 출생, 1962년 사망. 35살의 나이에 유럽으로 유학을 떠나 4년간 서양 무용에 대해 공부했다. 그는 그 곳에서 표현주의와 다다이즘을 비롯해 무용과 음악의 새로운 관계에 눈을 뜬 뒤 일본으로 돌아와 근대무용을 전파했다. 또한 1926년 우리나라 경성에서도 공연을 개최했으며, 최승희와 조택원 등을 연구생으로 받아들여 한국 근대무용 탄생의 기반을 마련했다.

20세기발레단(20th Century Ballet) 1960년대 색다른 주제와 안무 방식으로 폭넓은 활동을 펼친 프랑스 출신의 모던발레단이다. 발레리나가 아닌 남성 무용수들 중심의 무용단이며, 토털시어터(total theater) 기법을 시도한 모리스 베자르(Maurice Bejart)의 안무를 바탕으로 뛰어난 작품들을 선보였다.

20세기의 발레 20세기 발레의 개화는 1909년 세르게이 디아길레프(Sergei Diaghilev)가 프랑스 파리에서 조직한 발레뤼스(Ballets Russes)에서 시작되었다. 러시아 출신의 수많은 무용가들이 발레 발전을 이끌면서 쇠락해가던 유럽 발레도 새로운 생명력을 얻게 되었다. 아울러 18세기 후반 미국에 전해진 발레는 1930년대 들어 조지 발란신(George Balanchine)의 노력으로 독자적인 양식을 보일 만큼 발전했다. 그는 세르게이 디아길레프(Sergei Diaghilev) 등과 함께 쌓은 자신의 경험을 바탕으로 1935년 뉴욕에서 활동을 시작했다. 그 후 지금까지 미국 발레는 아메리칸발레시어터(American Ballet Theater)와 뉴욕시티발레단(New York City Ballet)을 중심으로 활발한 활동을 펼치고 있다.

이아손과 메데아(Jason and Medea) 1763년 장 조르주 노베르(Jean Georges Noverre)가 발표한 작품. 그리스신화에 바탕을 둔 이야기로 큰 성공을 거두었지만, 일부 공포감을 일으키는 잔인한 내용 때문에 비평가들의 혹평을 듣기도 했다.

이언 스핑크(Ian Spink) 1947년 출생. 오스트레일리아 출신의 현대무용가 겸 안무가이다. 영국의 현대무용가 쇼반 데이비스(Siobhan Davies)와 함께 여러 편의 작품을 안무해 초연했다. 그리고 40살이 되어서는 데이비스가 결성한 무용단의 예술감독이 되었다. 주요 작품으로 〈더 멀리 더 멀리 어두운 밤으로(Further and Further into Night)〉, 〈칸타(Canta)〉 등이 있다.

2인승 쿠페(Deuce Coupe) 1973년 미국의 현대무용가 트와일라 타프(Twyla Tharp)가 안무한 작품. 이 작품의 성공 이후 많은 현대무용 안무가들의 작품이 발레단에서 공연되기 시작했다. 타프는 〈2인승 쿠페〉에서 록그룹 비치보이스의 노래에 맞춰 아카데미 발레 스텝들을 알파벳순으로 연기해 큰 박수를 받았다.

이즈모노 오쿠니(出雲阿國) 1572년 출생, 1613년 사망. 일본의 여성 무용수로, 1603년에 그 기원을 찾을 수 있는 가부키[歌舞伎]의 창시자로 알려져 있다.

이집타(Egypta) 1910년 루스 세인트 데니스(Ruth Saint Denis)가 발표한 작품. 동양 문화에 관심이 깊었던 그녀의 개성이 잘 드러난 장막 무용극이다. 고대 이집트 여신 이시스(Isis)를 그린 포스터에서 영감을 받아 이 작품을 만들었다.

이카루스(Icarus)[1] 1935년 세르주 리파(Serge Lifar)가 안무한 발레 작품. 아서 호네거(Arthur Honegger)가 음악을 맡아 파리오페라발레단이 가르니에극장에서 초연했다. 리파는 이 작품의 안무를 완성한 후 타악기 반주만을 덧붙여 공연했는데, 그는 평소 음악을 위주로 무용 안무를 해서는 안 된다고 강조했다.

이카루스(Icarus)[2] 1971년 블라디미르 바실리예프(Vladimir Vasiliev)가 안무한 발레 작품. 세르게이 솔로님스키가 음

악을 담당해 볼쇼이발레단이 초연했다. 바실리예프가 이카
루스역, 에카테리나 막시모바(Yekaterina Maximova)가
에욜라역을 맡았다.

인도 무희의 춤(The Nautch) 1908년 루스 세인트 데니스(Ruth
Saint Denis)가 발표한 작품. 인도의 거리 무희를 연상시
키는 주인공이 등장하는 작품으로, 팔과 머리의 동작을 율
동적으로 활용했다.

인발무용단(Inbal Dance Company) 1949년 사라 레비-타나이
(Sarah Levi-Tanai)가 설립한 이스라엘 무용단이다. 성
서와 이스라엘 고유의 이야기를 테마로 삼아 1990년대 중
반 해체될 때까지 활발한 활동을 펼쳤다. 이스라엘에서 가
장 먼저 만들어진 현대무용단이다.

인생의 일곱 가지 무용(The Seven Dances of Life) 1918년 유럽 현
대무용의 개척자인 독일의 마리 비그만(Mary Wigman)이
발표한 작품. 그녀가 처음으로 만든 집단 무용 작품이다.

잉글랜드 무용 교본(The English Dancing Master) 1650년 영국 출
판업자 존 플레이포드(John Playford)가 펴낸 책으로, 잉
글랜드의 전통 춤과 춤곡을 집대성해놓았다. 이 책은 누구
나 이해하기 쉽게 만들어져 베스트셀러가 되었으며, 많은
사람들이 책에 수록된 춤들을 따라 추었다. 〈잉글랜드 무
용 교본〉은 훗날 아메리카 대륙에도 전해졌다.

ㅈ

자닌 샤라(Janine Charrat) 1924년 프랑스에서 태어난 무용수이며 안무가이다. 샹젤리제발레단, 발레드파리, 베를린오페라극장 등에서 발레리나와 안무가로 활동했다. 주요 작품으로 〈오르페오와 유리디스(Orfeo and Euridice)〉, 〈사슬(Les Liens)〉, 〈엘렉트라(Electra)〉 등이 있다.

작은 죽음(Petite Mort) 1991년 볼프강 아마데우스 모차르트(Wolfgang Amadeus Mozart)의 음악에 지리 킬리안(Jili Kylian)이 안무를 담당한 작품이다. '모차르트의 죽음'에 관한 모티브로 창작되었으며, 고요 속의 강렬한 에너지와 성적(性的) 아름다움이 돋보인다. 널리 알려진 피아노 콘체르토를 채택하여 남녀 각 6명의 무용수와 6개의 소품으로 작품을 구성하였다. 모차르트를 기념해 매년 개최되고 있는 오스트리아 찰스부르크페스티벌에서 초연되었다.

잠자는 숲 속의 미녀(The Sleeping Beauty) 〈백조의 호수(Swan Lake)〉, 〈호두까기 인형(The Nutcracker)〉과 더불어 고전발레의 3대 명작 중 하나. 1890년 표트르 차이코프스키(Pyotr Tchaikovsky)의 음악에, 마리우스 쁘띠빠(Marius Petipa)가 안무를 맡았다. 프랑스 동화 작가 샤를 페로(Charles Perrault)의 작품을 바탕으로 만들었으며, 러시아 상트페테르부르크의 마린스키극장에서 초연되었다.

장 도베르발(Jean Dauberval) 1742년 출생, 1806년 사망. 프랑스 출신의 무용수 겸 안무가이다. 최초의 코믹발레 〈말괄량이 딸(La Fille Mal Gardée)〉을 안무하는 등, 코믹발레가 하나의 장르로 인정받는 데 중요한 역할을 했다. 더구나 이 작품은 신(神)이나 귀족 대신 사실적이고 실재적인 일반인들을 등장시켜 더욱 화제가 되었다.

장미의 정령(Le Spectre de la Rose) 1911년 미하일 포킨(Michel Fokine)이 안무한 단막 발레 작품으로 타마라 카르사비나(Tamara Karsavina)와 바츨라프 니진스키(Vatslav Nizhinskii) 등의 공연으로 잘 알려져 있다. 카를 베버(Carl Weber)의 음악 〈무도에의 권유〉가 사용되었고, 꿈과 현실을 오가는 환상적인 이야기를 담고 있다.

장 바빌레(Jean Babilée) 1923년 프랑스 파리에서 태어난 남성 무용수이다. 샹젤리제발레단을 시작으로 파리오페라발레단, 아메리칸발레시어터 등에서 활동했다. 모던발레의 대표 주자 중 한 사람으로 손꼽힌다.

장 발롱(Jean Balon) 1671년 출생, 1744년 사망. 프랑스 출신의 무용수 겸 안무가로, 17세기 최고의 여성 무용수 프랑수아 프레보(Fraçoise Prévost)의 파트너였다. 도약 기술을 개척한 것으로 유명하다.

장 밥티스트 륄리(Jean Baptiste Lully) 1632년 출생, 1687년 사망. 이탈리아 출신의 프랑스 음악가. 프랑스 궁중음악의 일인자로 통했으며, 그의 작곡 양식이 유럽 전역에 널리 유행했다. 또한 코믹발레와 고전적인 장대한 오페라를 창작하는 데도 뛰어난 재능을 보였다. 노래와 무용이 있는 장면들을 결합한 오페라발레(Opera Ballet)는 1681년 그에 의해 탄생되었다는 것이 정설이다. 또한 그는 미뉴에트를 발레에 도입하기도 했다. 주요 작품으로는 최초의 여성 직업 무용수가 등장한 〈사랑의 승리(Le Triophe de L'Amour)〉를 비롯해 오페라 〈프시케(Psyché), 종교음악 〈미제레레(Miserere)〉 등을 남겼다.

장 조르주 노베르(Jean Georges Noverre) 1727년 출생, 1810년 사망. 프랑스 출신의 무용수 겸 안무가이다. 그는 팬터마임 기법을 발레에 도입한 무용극을 의미하는 '발레 닥씨용(ballet d'action)'의 창시자이다. 이를테면 〈페트루슈카(Petrushka)〉, 〈방탕의 여로(The Rake's Progess)〉, 〈녹색 테이블(The Green Table)〉, 〈라일락 정원(Jardin aux Lilas)〉, 〈초대(The Invitation)〉 같은 작품들이 발레 닥씨용이다. 또한 150여 편에 이르는 발레를 창작해 '발레계의 셰익스피어'라는 별명을 얻었다. 노베르는 무용이 움직임을 통해 인간의 영혼과 감정을 표현해야 된다고 믿었다. 그의 발레는 자연을 그대로 무용에 나타내는 사실주의의 실현 과정이었는데, 그는 자연을 모방하는 것 자체가 숭고한 예술이라고 주장했다. 1991년 국제무용협회 러시아 본부에서는 그를 기리기 위해 '브누아 드 라 당스(Benois de la Danse)'라는 상을 제정하기도 했다. 무용과 발레에 대한 그의 애정과 사상은 저서 〈무용과 발레에 관한 편지(Letters on Dancing and Ballets)〉에 잘 나타나 있다.

장 코랄리(Jean Coralli) 1779년 출생, 1854년 사망. 이탈리아 출신의 무용수 겸 안무가이다. 파리오페라발레학교에서 공부한 뒤, 몇몇 극장에서 발레 마스터를 역임했다. 주요 작품으로 쥘 페로(Jules Perrot)와 함께 안무한 〈지젤(Giselle)〉을 비롯해 〈폭풍(La Tempête)〉 등이 있다.

장 콕토(Jean Cocteau) 1889년 출생, 1963년 사망. 프랑스 출신의 작가이다. 자신과 예술 장르가 다른 세르게이 디아길레프(Sergei Diaghilev), 이고리 스트라빈스키(Igor Stravinsky), 파블로 피카소(Pablo Picasso) 등과 교류했다. 다수의 시와 소설, 희곡을 창작했으며 발레단의 각본을 쓰기도 했다. 레오니드 마신(Leonide Massine)이 안무한 〈퍼레이드(Parade)〉를 비롯해 〈에펠탑의 신랑 신부(Les Mariés de la Tour Eiffel)〉 등이 그것이다.

저드슨메모리얼처치(Jurdson Memorial Church) 1960년대 포스

트모던 무용의 발생지. 건축가 스탠포드 화이트(Stanford White)가 설계한 교회로, 미국 뉴욕 맨해튼에 위치해 있다. 포스트모던 무용수들은 전통적인 발레와 현대무용이 단순히 겉모습에 치중하는 유희에 불과하다고 비판했다.

저드슨무용단(The Jurdson Dance Theatre) 1962년 7월 6일, 저드슨메모리얼처치(Jurdson Memorial Church)에 모인 개혁적인 젊은 안무가와 무용수들이 창단한 무용단. 저드슨무용단은 무용뿐만 아니라 각종 예술 형식의 실험 무대가 되어 다양한 미술가와 음악가 등이 무용 공연에 참여하게 되었다.

저드슨무용단(The Jurdson Dance Theatre)**의 평등 정신** 저드슨무용단은 무대 위에서 배역에 따른 차별을 배격하고 평등을 추구했다. 이를테면 일레인 섬머(Elaine Summer)의 작품 〈많은 사람들을 위한 무용(Dance for Lots of People)〉의 경우 15명의 무용수가 출연하는데, 무대 중앙에 모여 있던 무용수들이 한 사람씩 앞으로 나와 솔리스트 무용을 수행한다. 이것이 바로 평등을 중요한 가치로 여긴 저드슨무용단의 정신이 투영된 것이다.

저류(Undertow) 1945년 앤터니 튜더(Antony Tudor)가 안무한 작품. 윌리엄 슈만(William Schuman)의 음악이 사용되었다. 끝내 자살을 선택하고 마는 한 젊은이의 심리적 갈등을 깊이 있게 탐구한 작품으로, 어둡고 자극적인 주제 때문인지 관객들로부터 큰 호응을 얻지는 못했다.

저 멀리 덴마크로부터(Far from Denmark) 덴마크 출신의 무용수 겸 안무가 피터 마틴스(Peter Martins)가 펴낸 자서전. 1982년에 출판되었다.

적과 흑(Rouge et Noir) 레오니드 마신(Leonide Massine)의 교향곡 발레(symohonic ballet) 작품. 1939년 쇼스타코비치(Shostakovich)의 제1번 교향곡에 맞춰 안무했으며, 앙리 마티스(Henri Matisse)가 무대와 의상을 담당했다. 이것은 교향곡을 이용한 안무에 이은 무대장치와 의상의 일대 혁신이었다.

전기(biography) 한 인물이 일생 동안 살아온 행적을 적은 기록을 말한다. 무용사 연구에서는 그 인물이 살아 있거나 죽은 뒤 곧바로 전기가 쓰인 경우 1차 자료로 구분되며, 그렇지 않고 사후에 많은 시간이 지난 뒤에 쓰이면 2차 자료로 분류된다.

전람회의 그림(Pictures From an Exhibition) 1944년 브로니슬라바 니진스카(Bronislava Nijinska)가 안무한 작품. 모데스트 무소르그스키(Modest Mussorgsky)의 음악이 사용되었다.

전위예술가들의 합작품 1917년 레오니드 마신(Leonide

Massine)이 안무한 발레 작품 〈퍼레이드(Parade)〉는 이름난 전위예술가들의 합작품으로도 남다른 의미가 있다. 즉 장 콕토(Jean Cocteau)의 대본에 에릭 사티(Erik Satie)의 음악, 파블로 피카소(Pablo Picasso)의 무대장치가 어우러져 한 편의 멋진 작품을 탄생시킨 것이다.

젊은이와 죽음(Le Jeune Homme et la Mort) 1946년 롤랑 쁘띠(Roland Petit)가 안무한 작품. 요한 제바스티안 바흐(Johann Sebastian Bach)의 음악 〈파사칼리아(Passacaglia) C단조〉를 사용했고, 장 콕토(Jean Cocteau)가 대본을 썼다. 샹젤리제발레단이 초연했으며, 장 바빌레(Jean Babilée)의 연기가 뛰어났다.

제럴드 알피노(Gerald Arpino) 1923년 출생, 2008년 사망. 미국 출신의 무용수이며 안무가이다. 로버트 조프리(Robert Joffrey)와 함께 조프리발레단을 설립했다. 주요 안무 작품으로 〈천사의 원무(Round of Angels)〉 등이 있다.

제롬 로빈스(Jerome Robbins) 1918년 출생, 1998년 사망. 미국 출신의 무용수 겸 안무가이다. 미국 무용 역사상 최고의 발레 안무가 중 한 사람으로 손꼽힌다. 그는 이십대의 대부분을 아메리칸발레시어터(American Ballet Theater)에서 활약했고, 그 뒤 뉴욕시티발레단(New York City Ballet) 예술 부감독을 거쳐 발레USA(Ballet USA) 발레단을 결성하기도 했다. 주요 안무 작품으로 〈팬시프리(Fancy free)〉, 〈목신의 오후(L'Aprés-midi d'un faunne)〉, 〈골드베르크변주곡(The Goldberg Variations)〉 등이 있고 〈웨스트사이드스토리(West Side Story)〉, 〈왕과 나(The King and I)〉 등의 브로드웨이 뮤지컬을 연출하기도 했다.

제2세대 현대무용가의 출현 제2세대 현대무용가는 도리스 험프리(Doris Humphrey), 찰스 와이드만(Charles Weidman), 마사 그레이엄(Martha Graham), 머스 커닝엄(Merce Cunningham), 알윈 니콜라이(Alwin Nikolais) 등을 말한다. 많은 무용이론가들은 이사도라 던컨(Isadora Duncan)이나 로이 풀러(Loie Fuller) 대신 이들이 현대무용의 실질적인 창시자라고 이야기한다.

제이콥스필로우댄스페스티벌(Jacob′s Pillow Dance Festival) 1940년 미국에서 최초로 시작된 댄스 페스티벌로, 지금도 매년 여름이면 2개월여 동안 대대적인 무용 축제가 열린다. 미국 현대무용가 겸 안무가인 테드 숀(Ted Shawn)이 만들었는데, 그는 80세의 나이로 세상을 떠날 때까지 평생 이 축제의 예술 감독을 맡았다. 제이콥스필로우댄스페스티벌에서는 현대무용뿐만 아니라 민속무용과 발레 등 다양한 댄스 공연이 펼쳐진다.

제임스 워링(James Waring) 1922년 출생, 1975년 사망. 미

국의 무용가이자 안무가이다. 머스 커닝엄(Merce Cunningham)을 비롯한 포스트모던 무용수들처럼 우연 콜라주(chance collage) 기법을 즐겨 사용했다. 그의 작품에는 여러 분야의 전위예술가들이 참여해 포스트모더니즘 댄스의 기반을 다졌다. 주요 작품으로 〈시인의 유랑극단(Poet´s Vaudeville)〉 등이 있다.

제임스 쿠델카(James Kudelka) 1955년 출생. 캐나다 출신의 무용수이자 안무가이다. 캐나다의 가장 중요한 안무가 중 한 사람으로, 〈호두까기 인형(The Nutcracker)〉과 〈백조의 호수(Swan Lake)〉 같은 고전발레를 탁월하게 재안무했다. 1996년부터 2005년까지 캐나다국립발레단(National Ballet of Canada)의 예술감독을 역임했다.

젤시 커클랜드(Gelsey Kirkland) 1952년 출생. 미국 출신의 발레리나이다. 뉴욕시티발레단(New York City Ballet)을 거쳐 아메리칸발레시어터(American Ballet Theater)에 입단해 의욕적인 활동을 펼쳤다. 특히 그녀는 미하일 바리시니코프(Mikhail Baryshnikov)와 짝을 이루어 우아하면서도 섬세한 춤사위를 보여주었다. 주요 작품으로 〈지젤(Giselle)〉, 〈나뭇잎이 시들어간다(The Leaves are Ading)〉 등이 있다.

조르주 돈(Jorge Donn) 1947년 출생, 1992년 사망. 아르헨티나

출신의 무용수로, 모리스 베자르(Maurice Bejart)의 20세기발레단(20th Century Ballet)에서 활약했다. 야성미 넘치는 에너지와 반항적 분위기로 독특한 매력을 선보였는데, 특히 그가 재탄생시키다시피 한 〈볼레로(Bolero)〉는 강인한 인상을 남겼다.

조셉 마질리어(Joseph Mazilier) 1801년 출생, 1868년 사망. 19세기 프랑스의 무용가 겸 안무가이다. 1846년 〈파키타(Paquita)〉, 1856년 〈해적(Le Corsaire)〉 등을 안무했다.

조지 발란신(George Balanchine) 1904년 출생, 1983년 사망. 러시아 출신의 미국 무용수이자 안무가이다. 러시아에서는 발레뤼스(Ballets Russes)에서 활동했고, 미국에서는 20세기 고전발레 안무가들 중 가장 큰 영향력을 발휘했다. 그는 링컨 커스틴(Lincoln Kirstein)과 함께 설립한 뉴욕시티발레단(New York City Ballet)의 예술감독으로 일하며 미국 발레 발전에 일익을 담당했다. 그가 안무한 주요 작품으로는 〈세레나데(Serenade)〉, 〈돈키호테(Don Quixote)〉, 〈방탕한 아들(The Prodigal Son)〉 등이 있다. 조지 발란신(George Balanchine)과 미국 발레 18세기 후반이 되어서야 뒤늦게 미국에 발레가 알려지기 시작했다. 하지만 미국 발레는 1930년대 들어 조지 발란신(George Balanchine)의 노력으로 독자적인 양식을 보일 만큼 빠르게 발전했다. 그는 세르게이 디아길레프(Sergei Diaghilev) 등과 함께 쌓은 경험을 바탕으로 1935년 뉴욕에서 활동을 시작했다.

조프리발레단(Joffrey Ballet) 1956년 로버트 조프리(Robert Joffrey)가 제럴드 알피노(Gerald Arpino)와 함께 설립한 발레단이다. 뉴욕과 로스앤젤레스를 비롯해 세계 여러 나라에서 공연을 펼치며 국제적인 명성을 쌓아갔다. 고전 작품과 신작을 결합하고 현대무용에 발레를 접목시켰으며, 록 음악을 배경으로 발레 기교를 구사하는 등 다양한 시도를 해 관객들의 주목을 받았다.

존 노이마이어(John Neumeier) 1942년 출생. 미국 태생의 독일 현대무용가 겸 안무가이다. 슈투트가르트발레단에서 활동했으며, 프랑크푸르트발레단을 거쳐 함부르크예술단 예술감독을 역임했다. 도리스 험프리(Doris Humphrey)의 '낙하와 회복(fall and recovery)' 이론에서 무용수의 움직임의 근본을 탐구했으며, 발레 테크닉과 현대무용을 연결해 개성 있는 작품 세계를 확립했다. 주요 작품으로 〈불새(The Firebird)〉, 〈요셉의 전설(The Legend of Joseph)〉, 〈성 마태 수난곡(St. Matthew Passion)〉 등이 있다.

존 듀랭(John Durang) 1768년 출생, 1822년 사망. 미국 최

초의 직업 무용수로 알려져 있는 인물이다. 동시대에 활동했던 외국 무용수들을 보며 춤을 익혔는데, 혼파이프(hornpipe) 등에 특별한 재능을 보였다. 조지 워싱턴(George Washington)이 가장 아끼는 무용수라, 그를 위해 여러 차례 공연을 펼쳤다고 한다.

존 크랭코(John Cranko) 1927년 출생, 1973년 사망. 남아프리카공화국 출신의 안무가이다. 1942년 케이프타운에서 첫 작품 〈병사의 이야기(The Soldier′s Tale)〉를 안무했고, 1946년 새들러스웰스발레단(Sadler′s Wells Ballet)에 입단한 뒤에도 〈파인애플 폴(Pineapple Poll)〉, 〈안티고네(Antigone)〉 등의 작품을 꾸준히 발표했다. 그 후 1961년부터는 슈투트가르트발레단(Stuttgart Ballet)의 감독을 맡아 당시만 해도 그다지 지명도가 높지 않았던 그 곳을 정상급 무용단으로 성장시켰다.

존크랭코어워드(John Cranko Award) 존크랭코협회(John Cranko Society)가 수여하는 상. 이 협회는 1975년 세계적인 안무가이자 슈투트가르트발레단의 예술감독이었던 존 크랭코를 기념하기 위해 만들어졌다. 존크랭코어워드는 그의 작품을 빛낸 무용수와 무용 관계자에게 수여되는데, 주요 수상자로는 슈투트가르트발레단의 주역 무용수였던 마르시아 하이데(Marcia Haydee)와 리처드 크라건

(Richard Gragon) 등이 있다. 2007년에는 발레리나 강수진이 수상자로 선정되었다.

주디스 재미슨(Judith Jamison) 1944년 출생. 미국 출신의 현대무용가 겸 안무가이다. 아메리칸시어터를 거쳐 앨빈에일리아메리칸댄스시어터(Alvin Ailey American Dance Theater)에서 활약했다. 그녀는 일찍이 앨빈에일리아메리칸댄스시어터의 '역사와 미래'로 불렸으며, 앨빈 에일리(Alvin Ailey) 사후에는 실질적으로 무용단을 이끌고 있다.

주바(juba) 미국 남부 흑인 노예의 춤이다. 지그(gigue) 같은 춤에 엉덩이의 움직임이 강조된 아프리카 춤을 가미하고 변형시켜 만들어졌다.

주유소(Filling Station) 1938년 류 크리스텐슨(Lew Christen)이 안무한 작품. 주유소에서 벌어지는 갱들 사이의 총싸움을 소재로 했는데, 첫 번째 미국 발레 작품으로 알려져 있다. 버질 톰프슨(Virgil Thompson)의 음악이 사용되었다.

주제와 변주곡(Theme and Variations) 1947년 조지 발란신(George Balanchine)이 안무한 발레 작품. 표트르 차이코프스키(Pyotr Tchaikovsky)가 작곡한 관현악 모음곡 중 하나인 〈조곡 제3번〉 G장조를 바탕으로 안무가 만들어졌다. 발란신은 어린 시절을 추억하면서 그 시절에 대한 그리움으로 이 작품을 안무했다고 전해진다.

죽음의 춤(Dance of Death) 1916년 독일 현대무용의 개척자 마리 비그만(Mary Wigman)이 발표한 작품. 자라투스트라 (Zarathustra)의 시를 발레 작품으로 만든 것이다.

중국 최초의 발레단 1949년 중국에서 '중앙발레단(Central Ballet)'이 창단되었다. 그것은 중국에 처음 설립된 발레단으로, 영국 램버트발레단(Rambert Ballet)에서 활동했던 다이 아이리안(Dai Ai-Lian)이 핵심적인 역할을 했다.

쥘 페로(Jules Perrot) 1810년 출생, 1892년 사망. 프랑스 출신의 무용수 겸 안무가이다. 무용수로 활약할 때는 마리 탈리오니(Marie Taglioni)의 파트너로 인기를 얻었고, 그 후 안무가로서도 많은 작품을 창작했다. 주요 작품으로 〈온딘(Ondine)〉, 〈빠 드 까트르(Pas de quatre)〉 등이 있다.

지그(gigue) 8분의 3박자, 8분의 6박자, 8분의 9박자, 8분의 12박자로 이루어진 서양 춤곡이며 그에 맞춰 추는 춤을 말한다. 바로크시대에 유행했는데, 매우 속도감이 있고 재미있는 춤으로 알려져 있다.

지리 킬리안(Jili Kylian) 1947년 출생. 체코 출신의 무용수이자 안무가이다. 슈투트가르트발레단(Stuttgart Ballet)에서 무용수 겸 안무가로 활동하다가, 1978년부터 네덜란드댄스씨어터(Nederland Dans Theater)의 예술감독이 되었다. 킬리안은 2000년까지 이 발레단을 총괄 지휘하며 고전발레와 현대무용을 환상적으로 결합시킨 세계적인 무용단으로 성장시켰다. 힘과 스피드를 바탕으로 곡예 같은 움직임을 선보인 것이 관객들의 눈길을 사로잡은 것이다. 주요 작품으로 〈시편교향곡(Symphony of Psalms)〉, 〈방랑자들(Nomads)〉, 〈더 이상 연극이 아니다(NO More Play)〉, 〈사라방드(Sarabandes)〉, 〈작은 죽음(Petite Mort)〉 등이 있다.

지젤이라고 불린 발레(The Ballet Called Giselle) 시릴 보몽(Cyril Beaumont)이 펴낸 책. 발레 명작 〈지젤(Giselle)〉의 탄생 배경부터 줄거리, 초연 당시의 무용수, 주요 장면, 안무, 음악 등에 대해 자세히 설명했다.

지지 장메르(Zizi Jeanmaire) 1924년 프랑스에서 태어난 발레리나이다. 파리오페라발레학교에서 수학한 뒤, 파리오페라발레단을 거쳐 롤랑쁘띠발레단에 입단했다. 롤랑 쁘띠(Roland Petit)는 그녀의 남편으로, 1949년 쁘띠가 안무한 〈카르멘(Carmen)〉에서 장메르가 주역을 맡아 열연했다. 그녀는 이 작품에서 코르셋과 비슷한 의상을 입고 머리를 짧게 잘랐는데, 그것이 발레 패션 스타일에 적지 않은 변화를 가져오기도 했다.

차르다시(czardas) 19세기 초 생겨난 헝가리 민속무용 및 그 음악을 말한다. 느린 움직임으로 시작해 점점 정열과 야성미를 드러내며 속도도 빨라진다. 4분의 4박자 또는 4분의 2박자로, 남녀가 파트너를 이루어 춤을 춘다.

차코나(ciaccona) 16세기 스페인에서 생겨난 춤곡 및 그에 맞춰 추는 춤을 말한다. 4분의 3박자의 느린 리듬이다. '샤콘(chaconne)'이라고도 한다.

찰스 와이드먼(Charles Weidman) 1901년 출생, 1975년 사망. 미국의 현대무용가이며 안무가이다. 데니숀무용학교(Denishawn School of Dancing and Related Arts)에서 수련한 뒤 데니숀무용단(The Denishawn Company)에서 활동하다가 도리스 험프리(Doris Humphrey)와 함께 험프리와이드먼무용학교와 무용단을 설립했다. 주요 작품으로 〈행복한 위선자(The Happy Hypocrite)〉, 〈그리고 아빠는 소방수였다(And Daddy Was a Fireman)〉, 〈격세유전(Atavisms)〉 등이 있다. 그의 많은 작품들은 희극적이고 풍자적인 특성을 보여줬다.

1789 그리고 우리(1789 and we) 1989년 모리스 베자르(Maurice Bejart)가 안무한 작품. 프랑스혁명과 현재의 상황을 함께

묘사해 인간으로서 느끼는 문제의식을 표현했으며, 다양한 삶과 인간의 모습이 한 무대에 등장하는 특징이 있다. 이를테면 흑인 노예와 아메리칸 인디언, 인도의 소녀 댄서와 브로드웨이 무용수를 함께 볼 수 있으며 동양과 서양의 서로 다른 문화 양식이 폭넓게 전개된다.

1841년의 지젤(Giselle) 〈지젤〉은 1841년 장 코랄리(Jean Coralli)와 쥘 페로(Jules Perrot)의 안무로 처음 만들어졌다. 한 농가의 소녀 지젤과 백작인 알버트의 사랑을 그린 작품으로 이루지 못할 사랑의 아픔과 죽음마저 뛰어넘는 사랑의 영원성에 대해 노래하고 있다.

1860년의 지젤(Giselle) 오늘날 우리가 보는 〈지젤〉은 1841년에 초연된 것이 아니다. 1860년 러시아 마린스키극장에서 마리우스 쁘띠빠(Marius Petipa)가 〈지젤〉을 새롭게 안무했는데, 그것이 지금 레퍼토리로 공연되는 작품이다.

체인징(Changing) 1974년 미국 출신의 현대무용가 겸 안무가 로라 딘(Laura Dean)의 작품. 야외무대에 빨강, 파랑, 노랑 옷을 입은 3명의 여성 무용수가 등장해 기하학적인 형태를 연출한다.

체케티 메소드(Cechetti method) 이탈리아 출신의 무용수이자 뛰어난 발레 교사였던 엔리코 체케티(Enrico Cechetti)가 창안한 발레 교수법이다. 흔히 이탈리아파 발레를 '체케티파'

또는 '체케티 메소드'라고 할 정도로 큰 영향을 끼쳤는데, 그 교수법은 화려한 동작에 빠른 템포로 구성되어 있는 것이 특징이다. 체케티 발레 교육의 유산은 오늘날에도 폭넓게 확산되어 현장에 적용되고 있다.

최초의 무용 이론서 1416년 도메니코 다 피아센짜(Domenico da Piacenza)가 펴낸 〈무용 공연과 안무 기법(Art of Performing and Arranging Dances)〉은 무용 역사상 최초의 무용 이론서이다. 이 책에는 무용수가 갖춰야 할 조건과 무용 움직임의 기초적인 형태가 기술되어 있다.

최초의 코믹발레 1789년 프랑스 출신의 무용수 겸 안무가 장 도베르발(Jean Dauberval)이 발표한 2막 3장 발레 〈말괄량이 딸(La Fille Mal Gardée)〉이 최초의 코믹 발레 작품으로 알려져 있다. 또한 이 작품은 농가의 평범한 사람들을 주요 인물로 등장시켜 화제가 되기도 했다.

추방자(The Exiles) 1950년 호세 리몽(José Limón)이 안무한 작품. 성경을 기반으로 한 것으로, 아담과 이브를 묘사하는 내용이다. 천국에서 쫓겨난 절망과 후회, 천국에 대한 추억 등이 이야기된다. 아놀드 쇤베르크(Arnold Schönberg)의 음악이 사용되었다.

카네이션(Nelken) 1982년 독일 출신의 세계적인 무용가 피나 바우쉬(Pina Bausch)가 안무한 작품. 무대를 가득 덮은 1만여 송이의 카네이션과 4마리의 큰 개가 등장하는 가운데, 그 속에서 펼쳐지는 인간 군상의 다양한 모습을 통해 오늘을 살아가는 우리의 모습을 뒤돌아보게 한다. 초현실적인 상징주의 분위기를 느낄 수 있는 작품이다.

카드놀이(Jeu de Cartes)[1] 1937년 조지 발란신(George Balanchine)이 안무한 작품. 이고리 스트라빈스키(Igor Stravinsky)의 음악이 사용되었고, 미국 뉴욕에서 아메리칸발레시어터가 초연했다. 이 작품은 트럼프 카드를 의인화한 것으로 오락성이 짙은 특성이 있다. 특히 조커 역은 연기력과 테크닉을 두루 갖춘 무용수만이 해낼 수 있는 역할이다. 당시 윌리엄 달러(William Dollar)가 조커 역을 맡았다.

카드놀이(Jeu de Cartes)[2] 1945년 자닌 사라(Janine Charrat)가 안무한 작품. 이고리 스트라빈스키(Igor Stravinsky)의 음악이 사용되었고, 프랑스 파리에서 샹젤리제발레단이 초연했다. 장 바빌레(Jean Babilée)가 조커 역, 롤랑 쁘띠(Roland Petit)가 스페이드잭 역을 맡아 열연했다.

카드놀이(Jeu de Cartes)³ 1965년 존 크랭코(John Cranko)가 안무한 작품. 이고리 스트라빈스키(Igor Stravinsky)의 음악이 사용되었고, 독일 슈투트가르트에서 슈투트가르트발레단이 초연했다. 이전의 〈카드놀이〉들과 음악의 흐름은 비슷하지만, 크랭코는 개성적인 안무로 차별화된 작품을 만들어냈다.

카르멘(Carmen) 프랑스 출신 안무가 롤랑 쁘띠(Roland Petit)의 대표작 중 하나. 1949년 작품으로 그의 아내 지지 장메르(Zizi Jeanmaire)가 주역 발레리나로 연기를 펼쳤다. 이 작품의 안무는 격정적이고 선정적인 분위기를 자아냈다.

카르멘 드 라발라데(Carmen de Lavallade) 1931년 출생. 미국 출신의 발레리나이다. 레스터 호튼(Lester Horton)의 무용단 등에서 활동했으며, 발레 이외에 현대무용 무대와 브로드웨이 쇼, 나아가 영화와 텔레비전에 출연해서도 재능을 발휘했다. 주요 출연 작품으로 애그니스 데밀(Agnes de Mille)의 〈네 명의 메리(The Four Marys)〉, 브로드웨이 뮤지컬 〈꽃집(House of Flowers)〉 등이 있다.

카를라 프라치(Carla Fracci) 1936년 출생. 이탈리아 출신의 발레리나이다. 라스칼라발레단과 로열발레단, 아메리카발레시어터 등에서 활동했다. 그녀는 특히 〈라 실피드(La sylphide)〉와 〈지젤(Giselle)〉 같은 낭만주의 발레에서 뛰어난 실력을 발휘해 20세기의 마리 탈리오니(Marie Taglioni)라는 말을 들었다.

카를로 블라시스(Carlo Blasis) 1803년 출생, 1878년 사망. 이탈리아 출신의 무용수이자 발레 교사이다. 런던 킹스시터어 등에서 활약했고, 라스칼라극장 발레 학교 교장을 역임하며 많은 제자들을 길러냈다. 발레 교사로서 그의 업적으로는 무엇보다 몸을 한쪽 다리로 받치고 다른 한쪽 다리는 무릎을 90도로 꺾어서 뒤로 들어올리는 포즈인 아띠뛰드(attitude)와 반복된 빠른 회전을 하면서도 균형을 유지하게 하는 스포팅(spotting) 기법을 고안한 것을 들 수 있다.

카를로타 그리시(Carlotta Grisi) 1819년 출생, 1899년 사망. 이탈리아 출신의 발레리나로 마리 탈리오니(Marie Taglioni), 파니 체리토(Fanny Cerrito), 루실 그란(Lucile Grahn)과 함께 낭만주의 발레의 4대 발레리나 중 한 사람으로 손꼽힌다. 1841년 파리오페라극장에서 초연된 〈지젤(Giselle)〉에서 지젤 역을 맡았다. 그 밖에 〈에스메랄다(Esmeralda)〉, 〈빠 드 까트르(Pas de Quarte)〉 등에 출연했다.

카를로타 브리안자(Carlotta Brianza) 이탈리아 출신의 무용수. 1890년 초연된 〈잠자는 숲 속의 미녀(The Sleeping Beauty)〉에서 오로라 공주 역을 맡았다. 당시 데지레 왕자

역할은 폴 걸트(Paul Gerdt), 카라보스와 파랑새 역할을
한 무용수는 엔리코 체케티(Enrico Cecchetti)였다.

카멜리아의 여인(Lady of the Camellias) 독일 현대무용가 겸 안
무가 존 노이마이어(John Neumeier)가 안무한 작품이다.
프레데리크 쇼팽(Frédéric Chopin)의 음악이 사용되었
다. 알렉산드르 뒤마(Alexandre Dumas)의 소설 〈춘희(La
Dame aux Camélias)〉가 원작인 작품이다.

카추샤(Cachucha) 오스트리아 출신 무용수 파니 엘슬러
(Fanny Elssler)의 작품. 이 작품에서 여성 무용수는 캐스
터네츠를 들고 우아한 스페인 춤을 춘다. 엘슬러는 〈카추
샤〉로 마리 탈리오니(Marie Taglioni)와 낭만발레의 쌍벽
을 이루게 되었다.

카타칼리(kathakali) 인도의 4대 전통무용 중 하나. 소년과 젊은
남성들이 추는 춤으로 종교적 성격을 띠는 강렬한 분위기
의 무용극이다. 큰북 등 타악기로 웅장하고 요란한 반주를
한다.

카타크(kathak) 인도의 4대 전통무용 중 하나. 남성과 여성이
함께 추는 춤으로, 내용보다는 음악과 리듬이 중요한 요소
이다. 발목에 종을 매달아 타악기 효과를 내는데, 춤을 추
는 사람들이 서로 엇갈리며 다채로운 리듬을 만들어낸다.
무엇보다 발의 움직임에 중점을 두는 서정적인 몸짓의 춤

이다.

카테리나 데 메디치(Caterina de'Medici) 1519년 출생, 1589년 사망. 프랑스 국왕 앙리 2세의 왕비이다. 프랑수아 2세를 비롯해 아들들 중 3명이 왕위에 올라 막강한 영향력을 행사했다. 카트린 드 메디시스는 모국인 이탈리아의 예술을 프랑스에 소개했는데, 이탈리아의 궁정발레 역시 그녀에 의해 프랑스 궁정에 전해졌다.

캐나다국립발레단(National Ballet of Canada) 1951년 새들러스웰스발레단(Sadler′s Wells Ballet)을 모델로 토론토에서 설립되었다. 〈백조의 호수(Swan Lake)〉, 〈호두까기 인형 (The Nutcracker)〉 같은 고전발레가 기본적인 레퍼토리이다.

캐롤 아미티지(Karole Armitage) 1954년 출생. 미국의 현대무용가 겸 안무가이다. 제네바발레단과 머스커닝엄무용단에서 무용수로 활약하며 〈사각게임(Squaregame)〉 등을 공연했다. 머스 커닝엄(Merce Cunningham)과 조지 발란신 (George Balanchine) 등의 현대무용 정신을 계승하려고 노력했고, 자신의 이름을 내건 아미티지발레단을 설립하기도 했다. 주요 작품으로 〈와토풍의 듀엣(The Watteau)〉, 〈로맨스(Romance)〉 등이 있다.

캐서린 던햄(Katherine Dunham) 1909년 출생, 2006년 사망. 미

국의 무용수 겸 안무가이다. 흑인 특유의 감성과 문화적 소
양으로 고전발레를 해석해 개성적인 테크닉을 창안했다.
또한 아프리카와 카리브해제도 민속에 바탕을 둔 풍자극을
통해 흑인 무용의 진수를 보여주었으며, 뮤지컬 등을 통해
미국 브로드웨이에 흑인 고유의 문화유산을 소개하기도 했
다. 주요 작품으로 〈열대 레뷔(Tropical Revues)〉, 〈바히
아 여인(Bahiana)〉, 〈해변여행(Shore Excursion)〉 등이
있다.

케네스 맥밀런(Kenneth MacMillan) 1930년 출생, 1991년 사망.
영국 출신의 무용수 겸 안무가이다. 16살의 나이로 새들
러스웰스발레단(Sadler's Wells Ballet)에서 데뷔해, 23
살 때부터 안무가로 활동하기 시작했다. 1970년에는 프레
드릭 애쉬튼(Frederick Ashton)에 이어 로열발레단(The
Royal Ballet)의 예술감독이 되어 재능과 성실함을 인정받
았다. 주요 작품으로 〈대지의 노래(Song of the Earth)〉,
〈마농(Manon)〉, 〈메이얼링(Mayerling)〉, 〈로미오와 줄
리엣(Romeo and Juliet)〉, 〈아나스타시아(Anastasia)〉
등이 있다.

코레아르티움(Choreartium) 레오니드 마신(Leonide Massine)
의 교향곡 발레(symohonic ballet) 작품. 요하네스 브
람스(Johannes Brahms)의 〈제4번 교향곡(Fourth

Symphony)〉으로 안무해, 1933년 영국 런던에서 초연했다.

코카서스의 죄수들(The Prisoners of the Caucasus) 1823년 샤를 디들로(Charles Didelot)가 러시아 상트페테르부르크에서 발표한 작품. 알렉산드르 푸슈킨(Aleksandr Pushkin)의 시를 각색해 만들었다.

코펠리아(Coppélia) 1870년 아르튀르 생레옹(Arthur Saint-Léon)이 안무한 3막 4장의 발레 작품. 헝가리의 민속 무용 차르다시가 처음 작품에 쓰였는데, 이후 각국의 민속 무용이 발레에 도입되는 계기가 되었다. 프랑스 작곡가 레오 들리브(Leo Delibes)의 음악으로, 프랑스 파리오페라극장에서 초연되었다.

콘서트(The Concert) 1956년 제롬 로빈스(Jerome Robbins)가 안무한 발레 작품. 프레데리크 쇼팽(Frédéric Chopin)의 음악이 사용되었고, 미국 뉴욕시티센터에서 뉴욕시티발레단이 초연했다. 코믹하고 짜임새 있는 내용 전개로 관객들로부터 좋은 반응을 얻었다.

콜로(kolo) 발칸반도의 대표적 민속무용. 4분의 2박자 리듬에 맞추어 많은 사람들이 원을 그리며 춤을 춘다.

쿠랑트(courante) 16세기 프랑스에서 생겨나, 프랑스를 비롯한 이탈리아 궁정에서 유행한 춤곡 또는 그에 맞춰 추는 춤을 말한다. 4분의 3분자로, 유려하고 경쾌한 분위기를 띤다.

쿠르트 요스(Kurt Jooss) 1901년 출생, 1979년 사망. 독일 출신
의 무용수이며 안무가이다. 헝가리 출신 안무가 루돌프 폰
라반(Rudolf von Laban)에게 가르침을 받았고, 새로운 무
용극을 뜻하는 것으로 라반의 다른 제자들과 함께 만든 노
이에 탄츠뷔네(neue tanzbü'hne)의 안무가로 활동했다.
1932년에는 프랑스 파리에서 개최된 국제무용콩쿠르에서
자신이 안무한 〈녹색테이블(The Green Table)〉로 최우수
상을 수상해 세계적인 무용 안무가라는 명성을 얻었다. 그
는 주로 현대무용의 동작을 발레의 기법과 결합시킨 무용
극을 만들었는데, 주요 작품으로는 〈거대한 도시(The Big
City)〉와 〈7인의 영웅(The Seven Heroes)〉 등이 있다.

쿠바국립발레단(National Ballet of Cuba) 1948년 쿠바 발레계의
대모 알리시아 알론소(Alicia Alonso)가 자신의 이름을 내
걸고 만든 발레단이 쿠바국립발레단이 되었다. 이 발레단
은 사회주의 국가 쿠바와 세계의 소통에 적지 않은 역할을
했다.

크라코비악(krakowiak) 폴란드의 민속무용 및 그에 사용되는 무
곡을 말한다. 4분의 2박자로 활발한 분위기의 리듬이다.

크리스토퍼 브루스(Christopher Bruce) 1945년 출생. 영국 출신
의 무용수 겸 안무가이다. 램버트발레단에서 무용을 시작

해 그 곳에 입단하고 안무가로 성장했다. 형식적으로는 발레와 민속 무용의 결합에 관심이 많았고, 내용 면으로는 정치 · 사회의 부조리에 대한 비판 의식이 강했다. 주요 작품으로 〈조지 프레드릭(George Frederic)〉, 〈대지(Land)〉, 〈유령, 춤추다(Ghost Dance)〉 등이 있다.

크리스티안 요한슨(Christian Johansson) 1817년 출생, 1903년 사망. 스웨덴 출신의 무용수 겸 안무가이다. 러시아 마린스키발레단에서 활동했으며, 러시아 역사상 가장 중요한 발레 교사 중 한 사람으로 손꼽힌다. 그의 제자로 폴 걸트(Paul Gerdt) 등이 있다.

큰 새장, 새 인간을 위한 의식(Aviary, A Ceremony for Bird People) 1978년 알윈 니콜라이(Alwin Nikolais)가 발표한 작품. 그는 평소 무용수들의 개성을 감추면 자신의 형체에서 해방되어 비로소 그들이 묘사하는 어떤 것과도 동일해질 수 있다고 주장했다. 관객들은 이 작품에서 그와 같은 니콜라이의 이론을 확인하게 된다.

클래씩끄 뛰뛰(classique tutu) 길이가 무릎 위까지 내려오는 짧은 스타일의 뛰뛰를 말한다. 1880년대에 이르러 이탈리아 무용수들이 러시아 무대에서 처음 선보였다. 요즘은 무대의 성격에 따라 로망띠끄 뛰뛰(romantique tutu)와 클래씩끄 뛰뛰가 모두 사용된다.

클레의 또 다른 수법(Another Touch of Klee) 1951년 미국 출신의 현대무용가 레스터 호튼(Lester Horton)이 안무한 작품. 스탠 켄톤(Stan Kenton)의 음악이 사용되었다. 그는 이 작품에서 폴 클레(Paul Klee)의 그림들을 환상적으로 표현하고 시각적 감각을 자극하기 위해 가면과 비누거품 등의 소품을 사용했다.

클로드 드뷔시(Claude Debussy) 1862년 출생, 1918년 사망. 프랑스 출신의 작곡가이다. 프랑스 인상주의 음악의 창시자이자 완성자로, 19세기 말부터 20세기 초 음악 발전의 선구자로 손꼽힌다. 발레 음악의 걸작 〈목신의 오후(L'Aprés-midi d'un faunne)〉가 그의 작품이다.

클리템네스트라(Clytemnestra) 1958년 마사 그레이엄(Martha Graham)이 발표한 대규모 무용극이다. 흔히 마사 그레이엄의 무용을 일컬어 '신화의 창조'라고 하는데, 이 작품에서도 그리스 여왕의 불행을 재조명하고 있다. 클리템네스트라란, 그리스 · 로마신화에서 아가멤논의 아내를 말한다. 그녀는 신화 속에서 남편을 살해한다.

키로프마린스키발레단(The Kirov-Mariinsky Ballet) 1783년 창단된 러시아 최고의 전통을 자랑하는 발레단. 황제 알렉산드르 2세 왕비의 이름을 따서 마린스키발레단으로 불리다가 러시아혁명 이후 혁명 지도자 키로프의 이름이 붙게 되었다.

그리고 1991년 다시 키로프마린스키발레단으로 이름이 바뀌었다.

키부츠현대무용단(The Kibbutz Contemporary Dance Company) 1970년 창단된 이스라엘 무용단이다. 바체바무용단(Batsheva Dance Company)과 더불어 이스라엘의 대표적인 현대무용단 중 하나로 손꼽힌다.

E

타마라 카르사비나(Tamara Karsavina) 1885년 출생, 1978년 사망. 러시아 출신의 발레리나이다. 1909년 세르게이 디아길레프(Sergei Diaghilev)가 조직한 발레뤼스(Ballets Russes)의 창단 멤버로 참여해 주역 발레리나로 활약했다. 그녀는 미하일 포킨(Michel Fokine)이 안무한 작품에서 바츨라프 니진스키(Vatslav Nizhinskii)와 함께 매우 뛰어난 연기를 펼쳤다. 주요 작품으로 〈장미의 정령(Le Spectre de la Rose)〉, 〈페트루슈카(Petrushka)〉, 〈불새(The Firebird)〉 등이 있다. 또한 〈고전발레 : 동작의 흐름(Classical Ballet : The Flow of Movement)〉 등의 책을 저술했다.

타마라 투마노바(Tamara Toumanova) 1919년 출생, 1997년 사망. 러시아 출신의 발레리나이다. 몬테카를로러시아발레단을 시작으로 발레시어터, 파리오페라극장, 스칼라극장 등 유수의 발레단에서 활약했다.

타카네오(tacaneo) 플라멩코(flamenco) 등에 등장하는데, 발 뒤꿈치로 바닥을 단호하게 내려치는 동작을 말한다. 스페인 집시 춤의 특징 중 하나이다.

탈리오나이저(taglioniser) 마리 탈리오니(Marie Taglioni)가 대중의 인기를 끌면서 쓰이기 시작한 용어. 가볍게 발끝으로 서는 무용 테크닉을 일컬었다.

테드 숀(Ted Shawn) 1891년 출생, 1972년 사망. 미국의 현대무용가 겸 안무가로, 1915년 아내인 루스 세인트 데니스 (Ruth Saint Denis)와 함께 미국 로스앤젤레스에 데니숀무용학교(Denishawn School of Dancing and Related Arts)를 설립했다. 1933~1940년에는 남성 무용수들로만 구성된 무용단을 조직해 활동했으며, 미국에서 최초로 시작된 댄스 축제인 제이콥스필로우댄스페스티벌(Jacob´s Pillow Dance Festival)의 탄생에도 결정적인 역할을 해냈다. 아울러 〈미국 발레(The American Ballet)〉 등의 책을 펴냈고, 강연 활동도 활발히 펼쳤다.

텔레비전 무용에 대한 비판 매스미디어가 발달하면서 무용이 텔레비전 전파를 타는 일이 잦아졌다. 그것은 무용의 대중화라는 측면에서 장점이 있지만, 부정적인 반론도 만만치 않다. 1993년 미디어 무용학자 데이브 알렌(Dave Allen)은 〈스크린 무용(Screening Dance)〉이라는 논물을 발표해, '텔레비전을 통해 무용을 보는 것에는 여러 가지 제약이 따른다. 왜냐하면 시청자 쪽의 상황 자체가 무용에 집중할 수 없게 만들기 때문이다.'라고 말했다.

통시적(diachronic) 통시적(通時的)은 언어의 양상을 역사적으로 연구하고 기술하는 입장을 말한다. 언어학자 페르디낭 드 소쉬르(Ferdinand de Saussure)가 언어 체계의 연구에서 구분한 것으로 '시대의 변화에 따라 달라지는 어느 시점부터 다른 시점까지의 시간'이라는 개념으로 이해할 수 있다. 이것과 상대되는 의미의 용어는 '공시적(synchronic)'이다.

트리샤 브라운(Trisha Brown) 1936년 출생. 미국의 현대무용가이며 안무가이다. 저드슨무용단(The Jurdson Dance Theatre)의 창립 멤버이고, 일찍이 즉흥무용에 관심을 가졌다. 여기서 즉흥무용이란, 그 자리에서 일어나는 감흥에 따라 움직임을 결정하는 무용을 말한다. 이것은 비결정기법(indeterminacy)이나 우연기법(chance technique)과는 의미가 다르다. 왜냐하면 비결정기법과 우연기법은 공연 전에 미리 모든 경우를 대비해 철저히 연습을 하는 데 비해, 즉흥기법은 말 그대로 그때그때 상황에 따라 임기응변으로 대응하는 것이다. 또한 브라운은 박물관이나 건물 지붕 등 다양한 장소에서 공연을 시도했는데, 한번은 14명의 무용수들을 뉴욕에 위치한 여러 빌딩의 지붕 위에 배치시켜 장쾌한 무용을 펼치기도 했다. 그녀는 자신의 자서전에서 '순수한 움직임이란 다른 어떤 함축적인 의미를 갖지 않는 움직임이다. 순수한 움직임은 결코 기능적이거나 팬터마임적이지 않아야 한다.'라고 주장하기도 했다. 주요 작품으로 〈식물(Trillium)〉, 〈겁쟁이(Yellowbelly)〉, 〈지붕 작품(Roof Piece)〉 등이 있다.

트리오 A(Trio A) 1966년 이본 레이너(Yvonne Rainer)가 발표한 작품. 그녀는 평소 베트남전쟁을 반대했는데, 〈트리오 A〉 역시 그와 같은 정치적인 주제를 다룬 무용 작품 중 하나이다.

트와노 아르보(Thoinot Arbeau) 1519년 출생, 1595년 사망. 프랑스 출신의 가톨릭 사제이자 무용이론가이다. 1588년 프랑스 최초의 발레 테크닉 교본 〈오르케조그라피(Orchésographie)〉를 펴냈다.

트와일라 타프(Twyla Tharp) 1941년 출생. 미국의 현대무용가이며 안무가이다. 무용과 다른 예술 장르를 결합시키는 다

양한 시도를 했는데, 발레와 재즈 기법을 연결하거나 대중
음악과 비디오 등을 적극 활용했다. 또한 의도하는 바를
간접적으로 나타내는 표현법인 암시기법(allusion)을 자
주 선보이기도 했다. 주요 작품으로 〈이인승 쿠페(Deuce
Coupe)〉가 있는데, 그녀는 이 작품에서 록그룹 비치보이
스의 노래에 맞춰 아카데미 발레 스텝들을 알파벳순으로
연기해 큰 박수를 받았다. 또 다른 주요 작품 〈기정사실
(Fait Accompli)〉에서는 심각한 재앙에 휩싸인 시대의 고
뇌를 이야기했다.

트위스트(twist) 20세기 들어 영화와 텔레비전 문화의 발달은
춤에도 영향을 끼쳤다. 트위스트는 1960년대 미국에서 생
겨난 사교댄스로 처비 체커(Chubby Checker)가 〈트위스
트(The Twist)〉라는 노래를 부르면서 유행했는데, 그와
같은 미디어 덕분에 매우 빠르게 세계 각국으로 전파되었
다.

틸 오일렌슈피겔(Till Eulenspiegel) 1916년 바츨라프 니진스키
(Vatslav Nizhinskii)가 안무와 주역을 맡은 작품. 리하르
트 슈트라우스(Richard Strauss)의 걸작 교향시를 발레화
한 것이다. 정신분열증을 앓았던 그의 마지막 안무 작품으
로 알려져 있다.

파가니니(Paganini) 1939년 미하엘 포킨(Michel Fokine)이 안무한 작품. 세르게이 라흐마니노프(Sergei Rachmaninov)의 음악이 사용되었다. 작품 내용은 음악 천재의 고통에 대해 이야기한다.

파고다의 왕자(Prince of the Pagodas) 1957년 남아프리카공화국 출신의 존 크랭코(John Cranko)가 안무한 작품. 벤자민 브리튼(Benjamin Britten)의 음악이 사용되었고, 영국 런던 코벤트가든에서 로열발레단이 초연했다. 선량한 공주와 악한 공주의 대결에서 선량한 공주가 승리하고 그 과정에 왕자를 만나 사랑을 이룬다는 내용이다.

파니 엘슬러(Fanny Elssler) 1810년 출생, 1884년 사망. 오스트리아 출신의 무용수이다. 1834년 파리오페라극장에 영입되어 마리 탈리오니(Marie Taglioni)에 버금가는 인기를 누렸다. 그녀의 또 다른 업적은 스페인과 폴란드, 헝가리 등의 전통 무용을 발레에 도입했다는 것이다. 주요 작품으로 〈카추샤(Cachucha)〉가 있다. 이 작품에서 여성 무용수는 캐스터네츠를 들고 우아한 스페인 춤을 춘다.

파니 체리토(Fanny Cerrito) 1817년 출생, 1909년 사망. 이탈리아 출신의 발레리나 겸 안무가로 화려하고 발랄한 분위기가 특징이었다. 1842년 〈알마(Alma)〉를 처음 안무했고, 〈온딘(Ondine)〉과 〈빠 드 까트르(Pas de Quarte)〉 등에 출연했다. 마리 탈리오니(Marie Taglioni), 루실 그란(Lucile Grahn), 카를로타 그리시(Carlotta Grisi)와 함께 낭만주의 발레를 주름잡던 4대 발레리나 중 한 사람으로 손꼽힌다.

파리오페라극장(Paris Opéra) 1875년 설립되었다. 설계자는 프랑스의 유명 건축가 샤를 가르니에(Charles Garnier). 그동안 수많은 오페라와 발레가 상연되었는데 발레 작품 〈불새(The Firebird)〉와 〈지젤(Giselle)〉, 〈코펠리아(Coppélia)〉, 〈세헤라자데(Scheherazade)〉, 〈해적(Le Corsaire)〉 등은 이 곳에서 초연되었다. 1661년 발레 애호가 루이 14세의 지시로 무용수 양성 기관인 왕립무용학교가 만들어졌는데, 그것이 오늘날 파리오페라극장의 전신이다.

파리오페라극장발레단(Paris L'Opéra Ballet) 전 세계에서 최고(最古)의 역사를 자랑하는 발레단이다. 1671년 프랑스 국립 발레단으로 파리에서 설립되었다. 19세기 중반까지 세계 발레의 중심 역할을 했으나 한때 쇠락의 길을 걷다가, 1929년 러시아 출신으로 프랑스 발레 부활의 주역이 된 세르주 리파르(Serge Lifar)를 맞이하면서 재건되었다.

파리의 심판(Judgement of Paris) 1938년 앤터니 튜더(Antony Tudor)가 안무한 작품. 쿠르트 베일(Kurt Weill)의 음악이 사용되었고, 영국 웨스트민스터극장에서 런던발레단이 초연했다. 트로이의 영웅 파리스가 아테나, 헤라, 아프로디테를 놓고 심판을 내렸다는 에피소드를 냉소적인 유머로 해석해 발레화한 작품이다. 이를테면 1900년대 파리의 허름한 술집을 배경으로 세 여신을 나이 든 매춘부로 등장시켰으며, 파리스는 만취한 술주정뱅이로 묘사했다.

파블로 피카소(Pablo Picasso) 1881년 출생, 1973년 사망. 스페인 출신의 화가이다. 주요 활동 무대는 프랑스였으며, 입체주의(Cubism) 미술의 대가로 손꼽힌다. 대표작으로 〈게르니카(Guernica)〉 등이 있고, 발레 무대 제작에도 참여해 1917년 레오니드 마신(Leonide Massine)이 안무한 〈퍼레이드(Parade)〉에 최초로 큐비즘을 도입했다.

파사이드(Facade) 1931년 프레드릭 애쉬튼(Frederick Ashton)이 안무한 작품. 윌리엄 월튼(William Walton)의 음악이 사용되었다. 작품 속에 왈츠(waltz), 폴카(polka), 타란텔(tarantella)라 등 다양한 춤이 등장한다. 이것은 유명 무용의 모방으로, 패러디(parody)의 성격을 띠는 것이다.

파인애플 폴(Pineapple Poll) 1951년 존 크랭코(John Cranko)가

안무한 작품. 아서 설리번(Arthur Sullivan)의 음악이 사용된 코믹 발레로 브리티시페스티벌 무대에서 초연됐다.

파키타(Paquita) 1881년 루드비히 민쿠스(Ludwig Minkus)의 음악에 마리우스 쁘띠빠(Marius Petipa)가 안무를 담당한 발레 작품이다. 원래는 1846년 조셉 마질리어(Joseph Mazilier)가 안무한 것인데, 쁘띠빠가 새롭게 만들어 오늘에 이르고 있다. 정열이 넘치는 경쾌한 분위기의 낭만적 발레 작품으로, 러시아 상트페테르부르크에서 러시아황실발레단이 초연했다.

파트리샤 맥브라이드(Patricia McBride) 1942년 출생. 미국 출신의 무용수이자 안무가이다. 1959년 뉴욕시티발레단(New York City Ballet)에 입단한 뒤, 조지 발란신(George Balanchine)의 총애를 받는 발레리나로 활동했다. 특히 1974년 발란신은 그녀를 위해 〈코펠리아(Coppélia)〉를 안무해 무대에 올렸다.

판당고(fandango) 스페인 남부 안달루시아 지방의 춤 및 춤곡을 말한다. 18세기 상류 사회에서 유행했으나 곧 쇠퇴하여 몇 가지 형태의 각 지방 민속무용으로 자리를 잡았다.

팬시프리(Fancy free) 1944년 제롬 로빈스(Jerome Robbins)가 안무를 담당한 발레 작품. 제2차 세계대전 중 미국 뉴욕에서 휴가를 즐기던 3명의 선원들 이야기를 다루고 있다. 당시에는 무명에 가까웠던 레너드 번스타인(Leonard Bernstein)의 음악이 사용되었고, 미국 뉴욕 메트로폴리탄 오페라하우스에서 초연되었다. 이 작품은 이후 〈마을에서(On the Town)〉라는 브로드웨이 뮤지컬과 영화로도 제작되었다.

퍼레이드(Parade) 1917년 레오니드 마신(Leonide Massine)이 안무를 담당한 발레 작품. 파블로 피카소(Pablo Picasso)가 최초로 큐비즘을 무대에 적용했으며, 발레에 처음 재즈를 도입한 작품으로도 유명하다. 에릭 사티(Erik Satie)의 음악이 사용되었고, 프랑스 파리 샤틀레극장에서 발레뤼스 발레단이 초연했다.

펄 프리머스(Pearl Primus) 1919년 출생, 1994년 사망. 20세기 무용계에서 가장 중요한 흑인 중 한 사람이다. 그녀는 무용에 앞서 인류학을 공부했기 때문에, 아프리카 문화와 미국 내 흑인 문화 등 인종적 자료에서 영감을 얻어 작품을 창작했다. 힘과 스피드, 역동성이 강조되었던 그녀의 무용은 흑인들이 겪는 불의에 대한 고발적 성격을 띠기도 했다. 주요 작품으로 〈아프리카의 의례(African Ceremonial)〉, 〈이상한 과일(Strange Fruit)〉, 〈고난의 블루스(Hard Time Blues)〉 등이 있다.

페기 반 프라그(Peggy Van Praagh) 1910년 출생, 1990년 사망.

영국 태생의 발레리나이자 안무가이다. 1959년 이후에는 오스트레일리아에서 많은 무용수들을 길러내며 여러 발레 명작들을 소개했다. 오늘날 그녀는 오스트레일리아 발레 발전에 절대적인 기여를 한 사람으로 평가받는다.

페트루슈카(Petrushka) 1911년 스트라빈스키(Stravinsky)의 음악에 미하엘 포킨(Michel Fokine)이 안무를 담당한 발레 작품. 인형 극장의 주인이 갖고 있던 세 인형이 생명을 얻은 뒤 벌어지는 환상적인 이야기를 담고 있다. 이 작품은 세르게이 디아길레프(Sergei Diaghilev)가 기획한 발레 작품 가운데 가장 뛰어난 것으로 평가받는다.

펠리시테의 발레(Ballet de la Felicité) 루이 14세의 출생을 축하하기 위해 공연된 작품이다. 1639년 상연되었다.

펭귄 카페에서의 '조용한 삶'('Still Life' at the Penguin Café) 1988년 영국의 데이비드 빈틀리(David Bintly)가 안무한 발레 작품. 사이먼 제프스(Simon Jeffes)의 음악이 사용되었으며, 빈틀리의 작품들 중 대표적인 히트작이다.

편람 편람(便覽)은 편리하게 볼 수 있게 간추린 책자를 말한다. 영어로 표현하면 핸드북(handbook)이나 매뉴얼(manual)이 되는데, 무용사를 연구할 때는 각종 도서관에 보관되어 있는 무용 편람에 대해 조사할 필요가 있다.

포스트모던 무용(postmodern dance)의 시작 포스트모던 무용의 열풍은 1960년대 초부터 불기 시작했다. 그 발생지로는 저드슨메모리얼처치(Jurdson Memorial Church)를 이야기할 수 있다. 당시 포스트모던 무용수들은 전통적인 발레와 현대무용이 단순히 겉모습에 치중하는 유희에 불과하다고 비판하며, 새로운 사회 분위기에 어울리는 새로운 예술 창조 방식을 찾기 위해 노력했다.

포이춤(poi dance) 뉴질랜드 마오리족이 추는 민속춤이다. 일종의 갈대로 만든 치마를 입고, 포이(poi)로 불리는 솜이나 섬유로 만든 공을 손에 든 채 춤을 춘다. 무용수의 움직임이 우아하고 유연하다.

폭풍(La Tempēte) 1834년 파니 엘슬러(Fanny Elssler)의 데뷔 작품. 장 코랄리(Jean Coralli)가 안무했다.

폴 걸트(Paul Gerdt) 1844년 출생, 1917년 사망. 러시아 출신의 무용수로, 러시아식 이름은 파벨 안드레예비치 게르트(Pavel Andreyevich Gerdt)이다. 〈잠자는 숲 속의 미녀(The Sleeping Beauty)〉, 〈라이몬다(Raymonda)〉 같은 유명 레퍼토리에서 남성 주역 무용수로 활동했다.

폴로네즈(polonaise) 폴란드의 춤곡, 또는 그 음악에 맞춰 추는 민속 무용. 4분의 3박자이며, 보통 빠르기거나 느린 템포로 진행된다. 남녀가 짝을 지어 원형을 그리면서 춤을 춘다.

폴리버 이야기(Fall River Legend) 1948년 애그니스 데밀(Agnes de Mille)이 발레시어터(Ballet Theater)를 위해 안무한 작품. 1892년 뉴잉글랜드에서 일어난 양부모 살인 사건을 바탕으로 만들었다.

폴 테일러(Paul Taylor) 1930년 출생. 미국의 현대무용가 겸 안무가이다. 머스 커닝엄(Merce Cunningham)과 마사 그레이엄(Martha Graham), 안나 소콜로(Anna Sokolow) 등의 무용단에서 활약했다. 1954년 이후에는 자신의 무용단을 설립해 〈공기(Airs)〉, 〈리허설(The Rehearsal)〉, 〈잭과 콩나무(Jack and the Beanstalk)〉, 〈서사시(Epic)〉, 〈산책(Esplanade)〉 등을 발표했다. 자서전으로 〈개인적 영역(Private Domain)〉이 있다.

표트르 1세(Pyotr I) 1672년 출생, 1725년 사망. 러시아 로마노프왕조 제4대 황제로 재위 기간은 1682년~1725년이었다. 러시아에서 발레가 태동하기 시작한 것은 17세기 무렵이었다. 당시 표트르 1세가 프랑스의 루이 14세처럼 무용을 장려한 것이 계기가 됐던 것이다. 그는 재임 기간 동안 프랑스와 이탈리아 등의 귀족 사회에서 성행하던 발레 공연과 그 무렵 개혁된 발레 의상을 적극적으로 러시아에 도입했다. 영어식 이름으로는 '피터 대제(Peter 大帝)'라고 불린다.

푸른 숲 나무 아래(Under the Greenwood Tree) 1872년 영국 소설가 토머스 하디(Thomas Hardy)가 발표한 장편소설. 19세기 초 영국 남부를 배경으로 한 이 소설에는 무용에 관한 이야기가 많이 등장한다. 하디는 젊은 시절 자신이 실제로 해보았던 무용을 작품 속에 실감나게 묘사해 영국 민속무용협회의 주목을 받기도 했다.

프락시(Proxy) 1961년 스티브 팩스톤(Steve Paxton)이 발표한 작품. 보통사람이 평범하게 걷는 장면과 음식을 먹고 술을 마시는 장면들이 등장한다. 팩스톤은 평소 시시하게 보이는 일상생활의 움직임을 예술에 가장 적합한 요소로 보았다.

프랑수아 프레보(Françoise Pre´vost) 1680년 출생, 1741년 사망. 17세기 최고의 여성 무용수이다. 믈 드 라퐁텐(Mlle de Lafontaine)의 뒤를 이은 발레리나로, 가벼움과 표현적 우아함이 뛰어났다.

프랑시스 풀랑(Francis Poulenc) 1899년 출생, 1963년 사망. 프랑스 출신의 작곡가이다. 에릭 사티(Erik Satie) 등과 함께 '프랑스 6인조'로 불렸다. 우아한 선율과 세련된 음감의 작품들을 다수 창작했는데, 그 중 하나가 발레 음악 〈암사슴(Les Biches)〉이다. 이것은 1924년 브로니슬라바 니진스카(Bronislava Nijinska)의 안무로 무대에 올려졌다.

프랑스혁명과 발레 1789년부터 1794년까지 지속된 프랑스혁명 이후, 발레의 주도권은 그 발상지인 이탈리아로 옮겨갔다. 카를로 블라시스(Carlo Blasis), 마리 탈리오니(Marie Taglioni), 카를로타 그리시(Carlotta Glisi) 등이 출현해 발레 로맨틱 시대를 화려하게 열어젖힌 것이다. 게다가 프랑스의 뛰어난 안무가와 무용수들이 혁명으로 어수선해진 조국을 떠나 모여들면서 이탈리아는 명실공히 발레 문화의 중심지가 되었다.

프랭키와 조니(Frankie and Johnny) 1938년 루스 페이지(Ruth Page)와 벤틀리 스톤(Bentley stone)이 안무한 단막 발레. 여느 작품들과 달리 매춘부와 살인 등 자극적인 내용을 다뤄 큰 화제를 불러일으켰다. 제롬 모로스(Jerome Moross)의 음악이 사용되었으며, 미국 시카고에서 페이지스톤발레단이 초연했다.

프레드릭 애쉬튼(Frederick Ashton) 1904년 출생, 1988년 사망. 1935년 빅웰스발레단(The Vic-Wells Ballet), 즉 로열발레단(The Royal Ballet)에 입단해 안무가를 거쳐 1963년부터는 감독이 되었다. 총 80여 편의 작품을 안무한 것으로 알려져 있고, 현재 로열발레단의 레퍼토리 중 약 30편 정도가 그의 작품이다. 주요 작품으로 〈꿈(The Dream)〉, 〈단조(Monotones)〉, 〈재즈 캘린더(Jazz Calendar)〉 등이 있다.

프레드릭 프랭클린(Frederic Franklin) 1914년 영국에서 태어난 발레 무용수이며 안무가이다. 마르코바돌린발레단, 발레 뤼스드몬테카를로 등에서 활동했다. 주로 레오니드 마신 (Leonide Massine)의 작품을 통해 무대에 올랐으며, 알렉산드라 다닐로바(Alexandra Danilova)와 파트너를 이루는 경우가 많았다. 그의 춤은 역동적이고 드라마틱한 분위기를 자아내 관객들의 호응을 얻었디. 주요 작품으로 〈욕망이라는 이름의 전차(A Streetcar Named Desire)〉, 〈적과 흑(Rouge et Noir)〉 등이 있다.

프로메테우스의 창조물(Die Geschöpfe des Prometheus) 1801년 이탈리아 출신의 무용수 겸 안무가 살바토레 비가노 (Salvatore Vigano)가 안무한 작품이다. 루트비히 판 베토벤(Ludwig van Beethoven)이 그를 위해 특별히 작곡해준 음악으로 만들었다.

프론티어(Frontier) 1935년 마사 그레이엄(Martha Graham)이 안무한 작품. 그녀가 미국의 전통을 추구하며 만든 첫 번째 작품이며, 처음으로 무대 장식을 사용한 작품이기도 하다.

플라멩코(flamenco) 15세기 무렵부터 발달한 스페인 안달루시아 지방 집시들의 춤과 음악을 말한다. 흔히 플라멩코의 3대 요소라면 춤을 뜻하는 엘 바일레(el baile), 노래를 뜻하는 엘 칸테(el cante), 기타를 뜻하는 엘 토케(el toque)를 일컫는다. **피그말리온(Pygmalion)** 1734년 프랑스 무용가 마리 살레(Marie Salle)가 안무한 발레 작품. 그녀는 이 작품에서 주제에 어울리는 사실적인 묘사를 위해 장식 없이 어깨 위로 늘어뜨린 머리 모양을 실현했으며, 굽이 없는 슬리퍼를 신었고, 오페라발레의 번쩍거리며 거추장스러운 의상 대신 그리스식 의상을 선택했다. 그런 변화는 무용수에게 보다 자유롭고 정확한 움직임을 가능하게 해주었다.

피나 바우쉬(Pina Bausch) 1940년 출생, 2009년 사망. 독일의 현대무용가 겸 안무가이다. 쿠르트 요스(Kurt Jooss)의 폴크방예술학교와 뉴욕의 줄리어드에서 무용을 배웠고, 22살의 나이에 폴크방발레단에서 솔로로 활약했다. 또한 1973년 부퍼탈무용단을 맡으면서 〈프리츠(Fritz)〉를 안무한 것을 시작으로 〈타우리스의 이피게니(Iphigenic aus Tauris)〉, 〈일곱 가지 죽을 죄(The Seven Deadly Sins)〉, 〈카네이션(Nelken)〉 등을 발표했다. 바우쉬는 기존의 무용 동작에 연극적인 요소를 섞은 실험적인 무대를 구성했는데, '탄츠테아트르(Tanztheater)'라는 댄스 퍼포먼스가 그것이다.

피리에 맞춰 춤을(Dance to the Piper) 1940년대 아메리칸발레시어터(American Ballet Theater)의 주요 무용수 겸 안무가

였던 애그니스 데밀(Agnes de Mille)의 자서전. 1951년에 출판되었다.

피릭댄스(pyrrhic dance) '전쟁무(戰爭舞)'를 뜻한다. 그리스인들은 춤이 신들의 활동이라고 믿었기 때문에, 치열한 전투 뒤 치러진 장례식에서 죽은 이를 추모하고 살아남은 자들에게 활력을 불어넣기 위해 피릭댄스를 추었다.

피에르 가르델(Pierre Gardel) 1758년 출생, 1840년 사망. 프랑스 출신의 무용수이자 안무가이다. 파리오페라의 감독을 역임하며, 마임과 동작의 효과적인 결합을 이루어냈다. 주요 작품으로 〈자유를 위한 헌신(L´offrnade de la Liberte)〉, 〈파리의 심판(Le Jugement de Paris)〉 등이 있다.

피에르 라모(Pierre Rameau) 1674년 출생, 1748년 사망. 프랑스 출신의 무용교사이다. 1725년 〈무용교수법(Le Maitre a Danse)〉을 출판했는데, 여기에는 피에르 보샹(Pierre Beauchamps)이 고안한 '발레의 다섯 가지 기본 발동작'이 수록되었다.

피에르 보샹(Pierre Beauchamps) 1636년 출생, 1705년 사망. 프랑스의 발레무용가이자 발레교사, 안무가였다. 그는 발레무용가로서 삐루에뜨(pirouette) 동작이 뛰어나고 품위가 있어, 루이 14세의 여성 파트너가 되기도 했다. 아울러 발레교사이자 안무가로서 '발레의 다섯 가지 기본 발동작'을 창안했으며 무용보(舞踊譜)를 고안해 무용 역사에 혁혁한 업적을 남겼다.

피터 마틴스(Peter Martins) 1946년 출생. 덴마크 출신의 무용수 겸 안무가이다. 어린 시절 덴마크왕립발레학교에서 수학한 뒤, 18살 때 덴마크왕립발레단의 단원이 되었다. 그 후 1969년 미국으로 건너가 뉴욕시티발레단에 합류했고, 이후 조지 발란신(George Balanchine)의 작품들을 완벽하게 소화해낸 무용수로 평가받았다. 특히 미국 출신 발레리나 수잔 패럴(Suzanne Farrell)의 파트너로서 보여준 호흡은 지금도 모범적인 파트너십의 사례로 손꼽힌다. 발란신 사후에는 제롬 로빈스(Jerome Robbins)와 더불어 뉴욕시티발레단을 이끌며 발란신의 정신을 계승하는 데 앞장섰다. 주요 작품으로 〈호두까기 인형(The Nutcracker)〉, 〈바이올린협주곡(Barber Violin Concerto)〉, 〈옛날이야기(A Folk Tale)〉 등이 있다. 그 밖에 자서전 〈저 멀리 덴마크로부터(Far from Denmark)〉도 펴냈다.

피터와 늑대(Peter and the Wolf) 1940년 아돌프 볼름(Adolf Bolm)이 발표한 작품으로, 그의 대표작이다. 세르게이 프로코피예프(Sergei Prokofiev)의 음악이 사용되었다.

필로볼러스(Pilobolus) 1971년 다트머스대학 무용과 수업 시간에 영감을 받은 4명의 젊은이들이 창단한 무용단. '그림자 댄스'로 유명한 퍼포먼스 댄스 그룹이다. 미국과 유럽 각국, 이스라엘 등에서 관객들의 호응을 얻고 있다.

필리포 탈리오니(Filippo Taglioni) 1777년 출생, 1871년 사망. 이탈리아 출신의 안무가이자 무용가이다. 1832년 최초의 낭만주의 발레 작품으로 알려져 있는 〈라 실피드(La sylphide)〉를 안무했다. 당시 그 작품에는 딸인 마리 탈리오니(Marie Taglioni)가 주역 발레리나로 출언해 다양한 도약 기법과 쒸르 레 뿌엥뜨(sur les pointes)를 선보였다.

ㅎ

하랄트 크로이츠베르크(Harald Kreutzberg) 1902년 출생, 1968년 사망. 체코 태생의 독일 무용수 겸 안무가이다. 마리 비그만(Mary Wigman)과 루돌프 폰 라반(Rudolf von Laban)에게 무용을 배웠으며, 루스 페이지(Ruth Page) 등과 함께 세계 각국으로 순회공연을 다녔다. 크로이츠베르크는 특히 춤을 마임과 결합시킨 독무로 유명했다.

학파(school) 학문에서, 주장을 달리하여 갈라져 나간 갈래를 말한다.

한야 홀름(Hanya Holm) 1893년 출생, 1992년 사망. 독일 출신의 미국 무용가이자 안무가이다. 20대 후반의 나이에 유럽 현대무용의 개척자인 마리 비그만(Mary Wigman)의 공연을 보고 감명 받아 본격적으로 무용을 시작한 뒤, 1931년에는 비그만과 함께 미국 뉴욕으로 건너가 마리비그만무용학교를 설립했다. 또한 마사 그레이엄(Martha Graham) 등과 아메리칸댄스페스티벌(American Dance Festival)을 개최해 현대무용의 걸작 중 하나인 〈경향(Trend)〉을 발표했다. 따라서 그녀는 독일의 현대무용을 미국으로 가져온 대표적인 인물 중 한 사람으로 평가받는다. 그 밖에 현대무용 작품 〈메트로폴리탄 데일리(Metropolitan Daily)〉를 비롯해 브로드웨이 뮤지컬 〈마이 페어 레이디(My Fair Lady)〉 등의 안무를 맡았다.

할렘무용단(Dance Theater of Harlem) 1969년 아서 미첼(Authur Mitchell)과 카렐 슈크(Karel Shook)가 미국 뉴욕에서 설립한 발레단이다. 흑인들 위주로 구성되었으며 조지 발란신(George Balanchine)과 애그니스 데밀(Agnes de Mille), 프레드릭 프랭클린(Frederic Franklin) 등의 작품을 주요 레퍼토리로 다루었다.

햄릿(Hamlet) 1942년 로버트 헬프먼(Robert Helpmann)이 안무한 발레 작품. 헬프먼은 죽어가는 햄릿의 머릿속에 섬광

처럼 스쳐 지나가는 이미지들을 정신분석학적 방법으로 연출해냈다. 표트르 차이코프스키(Pyotr Tchaikovsky)의 음악이 사용되었다.

행복한 위선자(The Happy Hypocrite) 1931년 미국의 현대무용가이며 안무가인 찰스 와이드먼(Charles Weidman)이 발표한 작품. 허버트 엘웰(Herbert Elwell)의 음악이 사용되었고, 팬터마임을 통해 이야기를 전개했다.

향(The Incense) 1906년 루스 세인트 데니스(Ruth Saint Denis)가 발표한 작품. 기도 의식을 행하는 여성이 연기의 움직임을 무용으로 표현한다.

헬렌 타미리스(Helen Tamiris) 1905년 출생, 1966년 사망. 러시아 태생의 미국 무용수 겸 안무가이다. 처음에는 미하엘 포킨(Michel Fokine)에게 발레를 배웠지만, 그 후 현대무용으로 방향을 바꿨다. 주로 미국 현대 작곡가의 음악에 맞춰 공연했으며, 흑인의 인권 옹호 등 정치 · 사회적인 내용을 작품에 담기도 했다. 주요 작품으로 〈형제여, 얼마나 오랜 세월을?(How Long Brethren?)〉, 〈아벨란테(Abelante)〉, 〈전쟁무용(Dance of War)〉 등이 있다.

현대무용(modern dance)의 등장 19세기 말, 전통 발레처럼 설명적인 무용에 대해 반발하며 자유롭고 개성적인 표현력을 강조하는 새로운 무용 운동이 나타났다. 그것은 연극적인 댄스 무대를 선보였는데, 20세기 들어 '현대무용'이라는 명칭으로 불리게 되었다. 유럽 현대무용의 선구자는 인체의 동작을 분석하고 체계화한 루돌프 폰 라반(Rudolf von Laban)이었고, 미국에서는 이사도라 던컨(Isadora Duncan)이 중심이 되었다. 던컨 이전에 로이 풀러(Loie Fuller)가 '자유로운 무용'을 추구했지만, 그녀의 무대에서 춤의 비중은 그다지 크지 않았다. 그에 비해 던컨에게는 춤이 가장 중요한 요소였기 때문에 그녀를 미국 현대무용의 중심인물로 인정하는 것이다.

형제여, 얼마나 오랜 세월을(How Long Brethren?) 흑인의 인권을 옹호하는 내용을 담은 헬렌 타미리스(Helen Tamiris)의 작품. 1937년에 발표되었다.

호두까기 인형(The Nutcracker) 〈잠자는 숲 속의 미녀(The Sleeping Beauty)〉, 〈백조의 호수(Swan Lake)〉와 더불어 고전발레의 3대 명작 중 하나. 1892년 표트르 차이코프스키(Pyotr Tchaikovsky)의 음악에, 레프 이바노프(Lev Ivanov)가 안무를 담당했다. 소녀 클라라가 크리스마스 저녁에 호두까기 인형을 선물로 받는데, 그 인형이 꿈속에서 쥐들을 물리치고 멋진 왕자로 변신하여 클라라를 과자의 나라로 안내한다는 내용이다. 러시아 상트페테르부르크 마린스키극장에서 초연됐다.

호라(hora) 루마니아와 이스라엘의 민속무용으로 원형무(圓形舞) 형태이다. 원래의 루마니아 것과 달리 이스라엘에서는 어깨동무가 손을 맞잡는 것으로, 힘차게 발을 구르는 동작은 움직임이 작고 가벼우면서도 탄력적인 스텝으로 변화했다. 또한 루마니아에서 호라는 결혼식 같은 특별한 행사에 추는 춤인데, 이스라엘에서는 그와 같은 사회적인 의미 대신 단순히 즐거움을 표현하는 춤일 뿐이다.

호세 그레코(Josè Greco) 1919년 출생, 2001년 사망. 스페인의 무용수이다. 플라멩코와 발레의 접목을 시도했으며, 라 아르헨티나(La Argentina) 등과 함께 스페인 춤의 인기를 드높이는 데 기여했다. 또한 〈80일간의 세계 일주(Around the World in 80Days)〉 등 몇 편의 영화에도 출연했다.

호세 리몽(Josè Lim òn) 1908년 출생, 1972년 사망. 멕시코 태생의 미국 현대무용가. 험프리와이드먼무용학교에서 수련한 뒤 험프리와이드먼무용단에서 활동했다. 그리고 제2차 세계대전 후 도리스 험프리(Doris Humphrey)를 예술 감독으로 임명한 자신의 무용단을 창단했다. 그는 무용수에게 자연스러운 몸짓을 강조했으며, 인간의 존엄과 고귀함을 표현하기 위해 노력했다. 주요 작품으로 〈무어인의 파반느(The Moor′s Pavane)〉, 〈추방자(The Exiles)〉, 〈미사 브레비스(Missa Brevis)〉 등이 있다.

혼파이프(hornpipe) 16세기부터 영국에서 유행했던 춤곡이며 춤이다. 주로 선원들이 즐겨 추었던 활달한 춤으로, 2분의 3박자였다가 4분의 4박자로 변화했다.

화이트오크댄스프로젝트(White Oak Dance Project) 1990년 구소련 출신의 미국 무용가 미하일 바리시니코프(Mikhail Baryshnikov)가 마크 모리스(Mark Morris)와 함께 설립한 무용단이다. 그들은 이 무용단을 통해 현대무용의 영역을 더욱 넓혔다.

휴 랭(Hugh Laing) 1911년 출생, 1988년 사망. 영국 출신의 발레 무용수이다. 마리 램버트(Marie Rambert)와 올가 프레오브라젠스카야(Olga Preobrazhenskaya)에게 무용을 배운 뒤 런던발레클럽과 뉴욕시티발레단, 발레씨어터 등에서 활동했다. 그는 특히 앤터니 튜더(Antony Tudor)의 작품에서 중요한 역할을 맡았는데, 연극적 재능이 있어 표현력이 좋았다. 주요 작품으로 〈카멜리아의 여인(Lady of the Camellias)〉 등이 있다.

흑인 의례(Black Ritual) 1940년 애그니스 데밀(Agnes de Mille)이 아메리칸발레시어터를 위해 안무한 작품. 모든 출연진이 흑인이어서 화제를 불러 모았다.

히지카타 다쓰미(土方選) 오노 가즈오(大野一雄)와 더불어, 일본의 전통 예술인 노[能]와 가부키[歌舞伎]가 서양의 현대무용과 만나 탄생한 부토[舞踏]의 창시자 중 한 사람이다. 부토는 아방가르드의 면모를 띠어 문화적 화려함을 멀리하면서 징그럽고 흉물스러운 육체로 춤을 춘다.